U0932491

智慧女人花

心灵日志 初成长

◎田梦 著

中国文联出版社

图书在版编目（CIP）数据
智慧女人花：心灵日志·初成长 / [韩]田梦著.
–北京: 中国文联出版社，2011.8
ISBN 978–7–5059–7222–3
Ⅰ.①智… Ⅱ.①田… Ⅲ.①随笔—作品集—韩国—现代
Ⅳ.①I312.665
中国版本图书馆CIP数据核字(2011)第141425号

作　名　**智慧女人花**——心灵日志·初成长
作　者　[韩]田 梦
出　版　中国文联出版社
发　行　中国文联出版社发行部（010–65389150）
地　址　北京农展馆南里10号(100125)
经　销　全国新华书店
责任编辑　周小丽
印　刷　北京辉远闰彩印刷包装有限公司
开　本　889 × 1194　1/16
印　张　10.75
版　次　2011年8月第1版第1次印刷
书　号　ISBN 978–7–5059–7222–3
定　价　39.00元
您若想详细了解我社的出版物
请登陆我们出版社的网站http://www.cflacp.com

目录

生活的体悟

心灵的感悟

序

心路历程

一直在思考，为什么不曾这样动笔，不这样写东西的我，突然地想要对你说。这些文字是从哪来的？又要到哪去？为什么会突然出现？今天回答你的时候，我突然意识到：原来这是心灵在做记录。

我是那种对任何事物反应很慢、很迟钝的人。往往一件事，别人都理解了，我还愣在那里，可要是等到我理解了，那就不一样了。排山倒海的、呼风唤雨的、前生往事的都来了，想收都收不回。

迷迷糊糊的求学过程中，也不知学了什么。现在看来重要的是有这个过程，有了交往和人与人之间最简单又纯真的情谊。

学后又不知要做什么。出于对美的喜好就莫名地走上了追求美的道路。一直认为女人美了就是一切。女人有了对美的正确认识，才能让这个世界美。如果你看到一个城市大多的女人都美了，这个城市自然就和谐幸福。

可每看到穿着一身名牌，却穿得极不得体，举止言行极差的女子，又不免心伤。原来再美的一张脸，也需要文化的衬托。气质的得体，穿戴的适合，多少也是学问。学在内，穿在外，表现由内而外。内心和文化也要通过外形来表现。

而如今，世事的险恶，环境的恶化，内心的茫然，也不是这一点那一点知识所能承担的。才认识到从内心开始，每个人其实都是强大而无限能量的存在。

回归自我，回归本性。现在才明白其实一直是要活在当下的。在明白的那一瞬间，才知道一直在体验、经历中成长为的就是当下；才知道为什么会有以前的路，会有路上遇到的人或事。而以现在的视角看来路，好像是前生的事，是为了成就当下的完美、完全。

从此要走上心灵的道路，活着是为了内心的圆满。不是为了身边周遭而活，不是为了荣誉负累而活，不看形式只要内容，不要话语只要行动。

活在当下，活得自在，活出本我。

第一篇

游历的体悟

城市的风格与城市里的人（一）

汉　城

我以为每个城市都是有感情的，因着他的感情孕育出了生活在其中人的情致和性格。

汉城是个多情的城市，像极了20岁的妙龄女子，刚走出18岁的稚气，又还没有到25岁女性的成熟婉约。

最记得曾经生活过的那个房间，我住的是独栋别墅里的一居室。韩国家庭多为大家庭，好几代一起住，而江南地区的新生代为了有自己的空间都喜欢另外租住这种单间。房内干净整齐陈设齐全，站在门口向内一望，满屋的陈列都在眼中，顿生家的安宁。

记忆中的汉城最爱下雨，朋友说这种天气最适合知心朋友小聚或独自在家静思。我喜欢静静呆在家里，放着最爱的音乐，看屋外灯光照射下的那棵小树。单薄的树叶随着雨滴有节奏的拍打着，似乎是应着屋内的音乐，随着风向更是舞动起来。夜深时每到一小时就有打更的声音，是门卫爷爷在巡逻。他原本可以像一般的保安四处看看不发出声音，可是这木头敲击石子铿锵有力的声音，让我们离家漂泊的心似乎找到了归一，原始的声音仿佛拉我们回到了远古时代。而屋里的音乐大多是韩国八九十年代的抒情歌曲，细腻缠绵，为了一段情，一份爱反复吟唱，如泣如诉，好像就是因这雨天而生。

这时最美的要算长长的汉江，在最初刚到汉城时，觉得这个城市最像武汉，记忆中的武汉也是有汉江长江，江的两端由高高的桥架起，两头都是秀丽的山。每次开车从江南向江北跨过新仨洞这边的大桥，看过去就是对面顺着山势错落有致修建的一间间白色屋子，这里没有高楼，有的只是两三层的单体小楼，大都白色墙体，中间配合着一些雅致的砖瓦，放眼看去就是一幅静谧的风景画。雨中的汉江两侧辉煌的灯火，长长远远地排列着像等待列队的士兵。汽车一过，飞速而驶的尾灯连成一片与路灯交相辉映，像是城市里奏起的交响乐，彼此起伏。沿着汉江向郊外走去是一栋栋五六层的咖啡馆，说是咖啡馆其实品目很多，这些建筑大都是汉城的有钱人或名人在这修建的度假别墅。一层是内外布置得极有情趣的咖啡馆，供路人来歇息。周末还会有年轻的艺人过来表演，我独喜欢那些还没有出名的忧郁的吉他歌手，自弹自清唱，音色清秀感情浓郁，仿佛身边完全没有别人，有的只是音乐和音乐里的主人公。运气好时那些大名鼎鼎的艺人也会回来演绎助兴。上去二楼为餐厅，可供好友相聚用餐，布置的优雅别致；三楼多为主人的收藏和各种艺术品，可供欣赏；四楼五楼为主人自用的房间。

汉城的周末我只能用疯狂和不醉不归来形容。这时生意最红火的就是那些花样繁多的烧酒馆，烤肉馆，三五成群的朋友聚在一起，天南海北的神聊与中国好像完全一样。他们的夜生活讲究三茬。一茬是饭馆；二茬是酒馆，K房。提到K歌就必须说到韩国男人们自诩说喝过酒的男人都是歌手。看啦，酒过三巡，拘束丢掉，架势拉开一场K歌比赛就开始了。唱到忘情时，酒桌就是舞台了。这比起国内的歌手选秀有过之无不及，且更加的投入完全没有虚假。三茬就是喝得醉醺醺后，还要在回家路上的路边移动小铺坐上一坐，浅喝两盏。简陋的陈设，却有着各种著名的韩国特色小吃。可能也是玩累了饿了，回家前要再补补。

因为不会喝酒，更不懂酒文化。所以我最喜欢的是周末和圈内的朋友二三十名相约一起去各种原生态俱乐部，最喜欢的是汉江边上的一个山村部落。主人包下整个山来，半边山种树搞果园，半边建成山体俱乐部，里面样样齐全。我们的聚会往往是先从一起烧烤用餐开始，大家三五一群聊着，投缘的人就相约着或K歌，或玩牌，或下棋弹唱，更有登夜山者或夜垂钓者。累了大家都汇聚在一个房间东倒西歪的倒地就睡，韩国人很多时候不用床，全部躺在带地热的地板上，倒也节约环保。只是千万不要碰到鼾声如雷的睡者，如此大家只有到车上将就一晚啦。

那时的假期时间可是比工作时间还要忙碌。在设计公司工作加班熬夜是正常，遇到有秀场发布一般11点能回家就算不错了，可是到了周末也不说休息，要玩得更起劲，因为我们的格言是会玩才更会工作。所以周末不是出海钓鱼，就是滑雪，还得是夜场的，这样人少能玩得多，登山，泡温泉更是不用说。往往是周日的晚上才开车往城里跑，因为都是这个时间往市里开，所以堵车是不用说的，结果只能开到早上直接去上班啦。

我是把我青春的情感都留在了这个城市，因为也是在最美的年龄遇到了这个多情的城市。对于一个正值青春年华的女子来说，这里的明洞和东大门给了你取用不尽的服饰和配饰，你需要地方去招摇，去挥霍你短暂而必须完满的青春。

我和汉城的因缘是一段一段的，每次半年，每次因身份的不同，环境的不同，感受全然不同，但汉城的多情却是深深地注入到我的血脉中了。

城市的风格与城市里的人（二）

巴　黎

人人都说巴黎是个浪漫的城市。而我眼中的浪漫，是在错落有致的风景中有一丝凌乱的美，随性的美。就好像巴黎的碎石子路上总会有的点点小狗便便，又好像售楼处样板间除了昂贵的家具，总不忘摆设在餐桌上的酒杯和床上的睡衣，似乎这就是你刚刚生活过的地方，触动了你的心。巴黎就像一位28岁带着成熟美的女子，风韵十足，性感的张着臂膀随时等候着你的到来。成熟女子的好就在于她们懂得生活的情调，会调节工作和生活的张弛，不会无边的疯狂，更会珍惜脉脉温情。

说到我当时在巴黎的小家，不禁窃笑。在我第一次看到这个房间时我不敢相信自己的眼睛，世上还真有如此袖珍的房间呀，在十来平米的房间里，却摆放着所有生活中要用的东西。淋浴房、书桌、沙发、床，不过这是上下铺的，就像大学里的上下铺，上面是床下面是沙发，沙发抽开来又是一个床。我找了半天没有找到厨房和饭桌，这时主人打开一个门，原来藏在这里，门里上面是灶台洗水池，下面是洗衣机，而饭桌就是墙边折叠起的一块木面板。虽然小的可以，但是个个简洁有设计感，加上主人精心搭配的色彩，深蓝的地毯，明黄的木制门框，洁白的沙质窗帘，使整个屋子显得温馨浪漫，我一下就喜欢上了，虽然刚才还惦记着刚看过的屋顶带天窗的小屋。因为这是在凯旋门区域，所以房子虽小租金却并不便宜。好在离我的学校很近，顺着凯旋门旋转走过三个路口，就到了坐落在雨果大街上的学校。

巴黎的景观是精致的，石子街道是狭窄的，宾馆是微缩的，车子也是迷你的，好像只有在小巧中才能把巴黎的美表现得淋漓尽致，正如只有把中国汉字整段的刻在米粒上方显出功力。

在巴黎的日子大部分时间都是在凯旋门度过的。因为这里是旅游必到之地，所以每天都是新鲜的面孔，每天都有新鲜的事情发生。爱生活的法国人在有阳光的日子里最爱在香榭丽舍路边的咖啡馆里一边享用着咖啡一边欣赏路边的景致。这里人多混杂，有爱沾点小便宜的中东小孩，有卖弄风情的女子，有寻找浪漫的孤单男人，还有搜索灵感的艺人。满街满眼都是情侣对对，在这里你可以深刻的体会到什么叫孤独是可耻的。咖啡馆里，餐厅里都是适合情侣的迷你小桌；地铁里挤满了深情对望的侣伴，这个城市的风情就在于她毫不掩饰的洋溢不住的随时喷发的唯美的激情。

城市的风情传给了这里的人们，而这里的人们也无不感染上这无边的风情。相聚在这里的人形形色色，都在追逐自己的梦想。我的高高胖胖在家被人讥讽的韩国同学在这寻找平等；被父母家人逼着结婚，但知道自己是同性恋的日本绘画老师，在这里寻找慰藉；来自南美富可敌国，追随父亲周游列国会讲8国语言的大使公主，在这里寻找友情；为了画一幅巴黎的日出，两年来日日清晨6点守候在铁道旁的孤寂的画家，在这里寻找梦想。

这个城市给了人们十足的做梦的空间，于是人们畅快的呼吸这自由的空气，感受着自己的感受。巴黎我的梦想之城。

成熟女子的好就在于她们懂得生活的情调，会调节工作和生活的张弛，不会无边的疯狂，更会珍惜脉脉温情。

城市的风格与城市里的人（三）

云游散记

1

印像中的英国就是一个穿着藏蓝色风衣，撑着雨伞的中年男子，保守又古板。这种城府的印像，到了英国体会就完全不同了。走在时尚之都伦敦，迎面而来的都是风格迥异的年轻面孔，每个人都在极力的展示自己。他们应该把自我都看成件艺术品吧，有严格的风格定位，时尚包装，品牌策划宣传，街头就是最好的推广场所。总体来说，大概分为两类，一类是保守派，传承文化风俗，思想缜密，作风严谨；另一类就完全相反，标新立异，装扮夸张，时尚叛逆，似乎就为了挑战传统。

圣诞节前的伦敦，一片疯狂。街头被装扮得五彩缤纷，令人眼花缭乱，商家更是不惜血本拿出品目不同的宣传促销活动和折扣价格，来吸引顾客。这也使得节前的人们匆忙的穿行在一个又一个商场，进行最后的疯狂大采购，只为节日里能绽放出最美的光芒。收拾停当，就见暮色降临，街头巷尾到处都是盛装的人们。那些年轻的女子也不畏惧严冬的寒冷，穿着单薄的礼服裙站在街头等待同伴的到来。

这一切的准备都只是开始，生活这才刚刚拉开序幕，迎接着的是更多的精彩和高潮。好一个充满勃勃生机的都市，好一个彰显个性的不夜城。

2

柏林的美，就美的大气磅礴。正像血气方刚的北方男儿，聚力量与温柔于一体，却又身怀绝技。

刚到柏林就会被他宽阔平坦的街道所吸引。下车就能闻到树叶的阵阵芳香，因为在那样宽阔的街道两旁都是密密的供路人小憩的树林，路中还有花圃。德国人是大气的，但做起事来又精益求精。德国人的细致体现在那一栋栋精美绝伦的城堡，个个设计不同，工艺有别，千姿百态。神话般的迪斯尼城堡造型就是来自德国的天鹅堡。

3

如果说柏林像北方男儿，那罗马就是俊秀挺拔，热情真挚的南方小伙。不论你走到哪，迎接你的都是意大利人特有的热情。不论熟悉或陌生，从你身边路过他都会送给你一个真诚的笑意，跟你打个招呼。这与国内人人设防，同住一楼见面都不理不睬的风气形成强烈的反差。走在罗马的街头，处处是温暖，到处是热情，再干涸的心灵都会为之动容吧。

再往南部走，意大利南部小镇，地中海沿岸，那更是像游走在画廊里。海边悬崖上矗立的城堡，像等待孩子归家的母亲，端庄肃穆，又婀娜多姿，充满了殷殷的期盼。

而停泊在海港的艘艘游艇，像是你心灵的哨兵，在你需要时随时都能驶向你心灵的深处，大海湛蓝湛蓝的深处。记忆中那样的一片蓝的天空和海水，就任由着游艇刺眼的白来分隔，要不然初来的旅者该怎样分开天和海的界限呢?

4

喜欢华盛顿，是因为这里的一切是一个有孩子家庭的理想居所。这里你感受到的不是纽约的高楼林立，浮躁喧哗，这里的美是宁静安逸。市中心的建筑更多的是欧洲风格的底层建筑，处处是公园，林荫道，宽阔的草地广场，雕塑纪念碑。应该说这是座历史不那么悠久的城市，更不若北京的长久，可这里到处都是历史的记载，处处都是人文景观。这个城市能让你沉下来，静下来品他的昨日与今昔。

在这里我最喜欢的是驾车品赏风格迥异的别墅建筑，虽然比不上美国南部的别墅景观，可这里的别墅是一个家庭真正的长期居所，不只是为了周末的度假和游玩。每个房子每个家不论是坐落在森林还是湖边，都在讲述他自己的故事。外形时尚端庄，内部结构合理完备，每个房间都有准确的功能定位，家家门前都留有开阔的草坪花圃供孩子们玩耍。社区中心有功能齐全的服务中心，儿童活动中心，与之配套的医院学校，娱乐中心。这里的区域按照环境和学校的好坏来被人分出贵贱，可想他们对教育和生活环境的重视。

5

多伦多是留给我遗憾最多的地方，三次打包整箱行李想来此定居，每次不到一个月就匆匆而别。一直没弄清缘由，如今才明白，于我这是个适合老来定居的城市，与同样衰老的伴侣同游在加拿大的森林湖畔，该是怎样的一份悠闲自得。

作为一个国际化大都市，这里一年四季有着各种不同的文化活动。刚去的那次刚好碰上同性恋游展。整个街区琳琳满满全是游行队伍，各种彩车，奇怪的造型，夸张的舞蹈，猛男秀，热闹中看出一个城市的包容。

在不同的季节城市举办的音乐节又完全不同。每到傍晚，各个家庭出动到指定的活动区观看互动。活动一般安排在街道，可以随时随地与演员互动，每个人脸上都洋溢着说不出的激动，因为都觉得自己是活动的一部分，是流动的风景。参与人数多，但场面热闹有序，更没有打架闹事的情形发生。这肯定和当地活动多积累了一定的经验有关，但也能看出举办方的能力和参与者的素质觉悟。

最值得一提的是城市北部的千岛湖是我心中的圣地。在那样一个宽宽阔阔的湖面上，坐落着上千个岛屿，每个岛屿根据形状不同环境不同，修建着风格迥异的城堡别墅。这都是欧洲的富豪从全球各地运来各种名贵材质的建筑材料，并从德国带来能工巧匠一砖一瓦修建而成，这里更能看出德国人的工艺。主人们用心良苦，也留下了许多动人的爱情故事。因为主人的不同，所属国家不同，不同的岛屿就有了不同的所属国，从而也有了岛屿之间最短的跨国桥梁。

这是个适合生活的国家，但是急于出国移民的青年朋友，你有没有想好来这做什么呢？在这总能碰到中国人，他们大都是技术移民过来，可是半年一年或更长时间过去也没有找到合适的工作。加拿大的福利很好，可以提供他们一些资助，还可以免费到魁北克城读法语，那是加拿大北部一个纯法国式的城市，但是完了还是一样的没有事情做。我身边国内还有多少夫妻两人辛辛苦苦来到这里，后来因为没有事情做，顶不住生活的压力一方回国，最终导致分手的男男女女。所以准备出国的年轻人一定要为自己的未来做个打算再行动。

云游人生

每个城市都是有生命的，有自己的年龄和独特的气质。一个城市所处的经纬度的不同，从而形成了自己的小气候。来到这里的人们要适应这里的环境，而环境也改变了人们的生活。

儿时的我最爱幻想。总幻想着自己有一门技艺，从此可以浪迹天涯，走遍世界每个角落。这种浪迹是身与心的交流，不只是导游旗杆下的一个傀儡，或者旅游景点里到此一游的印章，有更多时间和情怀感受城市里人文的美。

可能是儿时就奠定了我有一颗驿动的心和流浪的情怀。自离开家乡后，就此踏上了一如吉普赛女人般流浪的生活，心在哪家就安在哪，只是更加的没有群落，没有固定的同学友人。每到一个城市我不会去唐人街里寻找安全，更不去努力寻求同乡或同学的慰藉。那时更像是被移栽在城市里的一颗野草，独自在狭小的缝隙里生活成长，却欢喜的看着周遭的人群来来往往，欣赏他们的繁华与落寞。接受着城市雨水的浇灌，土壤营养的滋润。对于初来乍到的城市，刚开始语言是一点也不通的。这时需要的是对城市更好的观察，用眼睛去看，用心去体会。这样也锻炼了眼睛之外，更用心去读一个人一件事的习惯。不要只被语言所蒙蔽，有时他会是骗子最常用的工具。

经历着每个城市的美，因为从事服装行业的缘故，我更爱用着装来描述一个城市的风格。

对于美国人除了工作的西装，私下更爱棉质的衬衫和T恤，这与他们更崇尚休闲随意的生活方式有关。工作时间之外，他们的生活多以放松休闲为主。有孩子的家庭，更是把周末的时间放在孩子身上，家庭聚会、驾车郊游，样式繁多但却围绕着孩子。这样的生活也使得大人变得更简单直接，这种影响是相互的。

欧洲又不同，欧洲的服饰更注重版型和细节。法国服装有着更多的装饰和点缀，如蕾丝，多变的面料图案，这与他们的宫廷情结有一定的关系；意大利的服装则简捷流畅，但对版型要求苛刻。一件看似普通的衣服，穿上你才会觉得服装是你的第二层皮肤。但往往越简单的越难。一条裤子就两条线，看起来极其简单，可要做一条完美的裤子不知要花费工艺师多少个夜晚的功力。欧洲人喜欢有品质的华贵的服饰，自然有他的缘由，因为这是在聚会上最不可少的形像标签。他们有品目繁多的聚会，各种主题各种规模。他们喜欢结识新鲜的人和事，在大的聚会上可以充分展示自我，吸引同类的目光，然后组织有主题的小规模聚会，与情趣相投的人再交心畅谈。欧洲人很看重生活方式，认为工作只是生活的一部分，工作挣来的钱只是作为下一次旅行的路费。他们诉求的是人与人的心灵沟通，精神通达。

提到服饰文化，我就不得不说韩国。因为韩国是我的服装启蒙老师，而韩国女孩就更是我的时尚模特。经常听到周围的朋友说，这款服装很有韩国范儿。韩国有很多自己特色的服饰，但也有很多完全借鉴欧美风格的服饰，因为被韩国女孩进行了很好的演绎，国人受到韩流的影响，看韩剧也多了，自然以为是韩国风格。韩国总是能很好的把各种文化学习吸收，再演变成适合自己的风格。这就是拿来主义吧，但拿的很聪明，很有方法。欧美服饰很漂亮，但版型和色彩设计更适合当地人，韩国人能有选择的拿来，吸取精华，改变利用形成适合亚洲人的款式。因为和中国人的体型和文化类似，所以被中国人认可是必定的。这也是我当初喜欢韩国，在韩国学习的原因吧。学到的东西可以直接用，少去改良时间。

20世纪90年代在韩国时，也才真正感受到服饰在生活上的重要意义。那时在国内还那么没有丰富的文化生活。在韩国第一个感受是，根据场合的不同，服装造型完全不同。让我们打开一个普通韩国男人的衣橱吧：春夏季西装4套，休闲服7套，秋冬季西装5套，休闲服5套，社交礼服2套，登山服1套，滑雪服及设备1套，垂钓服及设备2套、游泳衣3件，当然还有众多的单品服装及配饰。而女孩子的衣服品种及花样就更多了，需要一个房间来布置。当时我在北京的工作室旁边就是衬衫厂，听经理说他们一个版要用好几年，一种款生产好几百万件是常事，消费者从28岁到48岁一样穿。而在国外当时是以2-3岁为阶段划分市场，每季都换新版。在这种条件下，人们的生活品质是可想而知的。

中国在服装上的发展是落后的，但这几年得到飞速的进步，时装品味及嗅觉越来越赶超发达国家。对于先富起来的阶层，他们的消费能力及生活品质甚至超越欧美国家，但同时落后的依然落后。这是中国目前的现状，贫富差距的极大悬殊。不过好处是不论什么类型的人，什么经济水平的人都能在这里找到适合自己的地方，只要找对了位置，一样过得心安理得。这可能也是很多外国人到中国后，喜欢这里，不愿走的缘故吧。元素的多元，风格的混杂，品目的繁多。于凌乱中一种本性的美，强于假面的虚伪和装腔作势的空洞吧。

城市各有自己的精彩，人的成长也有其特征。在我想来，一个理想的成长环境：美国是童年时期，相对简单自由开阔的环境，给小孩自由的奔跑的空间，再进行能力和思维方法的学习。欧洲是少年时期，这时已具有了一定思考判断事物的能力，在形成自己的个性及人生观的时候，具备欧洲的艺术气息和生活方式对以后的成长是极有帮助的。亚洲是成年时期，以中国为代表的东方文化，将极大的丰富和扩展一个人的视野和看问题的方法，因为这是一个不同于西方的全新方式。

西方注重的是量化，做每件事的步骤和过程，从而使一件事情达到精准，所以他们的电子精工类产品才做的如此精美。而东方文化表达的更多的是一种意念和感受。这需要长期的实践经验，在反复的正确和错误中去体会构建。正如现在很多企业家去学国学，经过实践而上升的理论才是你能明白和感悟的。所以东方文化刚开始学习是极难的。

在我们的教育中，刚开始老师都是叫学生死背，然后在成长的过程中再慢慢体会和感悟。悟到的得大智慧，一窍没开也就糊涂过一生。而如果中西文化结合，在不同阶段采用不同方式再结合自身特点，我以为是有益的。这样通过东西文化的互通，学会认识自己，从而选择适合自己的人生道路。

那老年时期则是加拿大广阔的森林和草地，或者澳洲的一块牧场，选择一种男耕女织的简单生活，与土地为伴，能够在大自然的怀抱中睡去，老去，将会是怎样的一种人生极致。

背包远足

为了一个美丽的梦，曾经在最美丽的年华用尽十年的光阴去寻你。从北半球到南半球，从东方到西方，以为那里有你，十年最美的岁月在期待与遗憾中度过。虽然无果，却难得的沉淀和丰盛，只为再次遇见你累积着一生的精华。

儿时的成长有了一颗本心，辗转的求学才有如今的思想，工作和磨难赋予了坚韧又随和的个性。

如今，终点又回到起点，再次回到生我养我的那方水土，人生的轮回不过如此。我的轮回真的是要历经三十六载。

寻觅的无果曾让人停滞不前，以为今生无缘。想来真是羞愧呀，怎么能轻易放弃呢。你只是还在那里，静静地候着我的呀。

收拾好行囊，准备好心情，就要出发。

要借着云彩，越过青山险峰，飞跃而来；要趟着溪流，穿越海洋，漂流而来；要俯身大地，贴着黄土，匍匐朝拜而来。

搜寻着所有可能的地方，要准备最便捷的路径通道；挖掘着每个角落，要拨开哪怕最细密的丛林树梢。跋涉，只为有你。

我来了，排山倒海，呼啸着朝你狂奔而来。

这次你燃尽我吧。燃烧，不留一丝灰烬......

心灵之旅(一)

收拾着要出行用的物品，有两本书是一定要带的。在旅途的行进中，是要伴着眼睛与心灵的互动的。忽然一个感觉涌上心头，有一种似曾相识的感觉，意识到生命中有那么几次久久不能忘怀的心灵之旅。

泰国海岛之旅

一次是在十多年前泰国的一个年轻岛屿上。说年轻是因为那个小岛在我们去时也刚被人发现不过几年时间。是要从曼谷坐飞机到一个城市，然后再坐游艇一个多小时才能到。整个岛上除了餐厅，就是沿着海岸线排列的一个个酒吧，大小数起来有二十多家。岛中零落分布着各种独立木屋，是供游人租住的，虽小但内部陈设周全，环境幽雅。借着岛内的环境掩映在高大的树木和花草丛中，不知是木屋点缀了风景，还是风景成就了木屋的美。

在行程前，我的旅伴就一直指导我看心灵探索的光盘电影，而在岛上各家餐厅的电视里也播放着类似的各种影片。因为来这的人都知道此行的目的，都为了心灵的洗涤而来。

白天就是晒太阳，休闲，调整自己的状态在岛上闲逛。整个岛只有一条主街，零星有几个小店出售这个岛上的文化衫，泳衣和裹布。街上行走的人群大都穿着泳衣或者用一块布围在腰间，休闲散漫，仿佛他们的思维是停止的，有的只是移动的躯体。他们是完全要把自己释放，为的是夜晚最真实的感应。

最难忘每每到了傍晚，就会有位70多岁的德国女子一人站在酒吧旁的那颗棕榈树边向大海张望，似乎在等某个人从海的那一边到来。她不与人交流只是站着，衣着时尚，打扮讲究，似乎跟这个岛的景致并不融合，周边只是懒散穿着泳衣的青年。听人说，她在这个岛上有几年了，偶尔有家里人给她寄些钱物，而她就独自一人在这生活着，站立着。站着站着，只怕也变成海上的一座岩石。

等到太阳沉到海底时，就会听到沙滩上传来阵阵鼓声乐器声，是酒吧里已经开始了试声配合。等到十点钟就听到震耳欲聋的鼓点声，夜场就算是正式拉开了序幕。这时你可以感觉到整个小岛都沸腾了，岛也随着节奏在律动，房屋也颤抖着晃动着。

人们也陆陆续续来到了海边沙滩上，寻找着适合自己的音乐。大部分的酒吧和我们平常城市里的酒吧没什么特别的差异，不论是音乐还是舞动的人，他们随着节奏抖动身体，让酒精麻醉着自己的身心，有的只是发泄和疯狂。而我们的目的不一样，我们知道这个岛的神秘之处，也为着这个心愿而来。

通过这几天的放松和休息，让精神和身体保持最佳状态，我们要借由岛上的神奇自然力量，在特定的环境和音乐中体会人与心的交流。起初身体极端的兴奋，随着音乐会不由自主地跳动，这时一种原始的力量，是意识给了身体的反馈，而身体的舞动又加强了意识的纯度和深度。慢慢地除了一双眼睛，身体的其他部分似乎都淡化，也不那么重要了。属于同类的人慢慢聚在一起，越来越近，你能从对方眼睛中读懂所要传达的信息。这时语言不重要了，也完全不需要，所有的感受和交流似乎也没有语言可以来描述。

随着探入的越来越深，我似乎看到黑的夜里飘着的烟雾，随着风越飞越高，而我的双眼就一直追随着它的踪迹，直到天的尽头。耳边也隐隐传来自然界喃喃的低语，树叶也有自己的心思细声诉说。整个自然界都在相互感应，互相交流灵动。

到了后半夜，还有更多的人在海滩上舞动，伴着月圆，随着海水，跟着浪潮，整整一条海岸线，几万人的律动。而我们是要打开心灵畅谈了。因为东西文化的不同，对于事物的看法上会相互启发相互影响，才觉得原来文化只是形式上的不同，实质是一样的，归根结底所陈述的理念是一致的。心灵的互动是不断促进的，一旦打开，就会切入得更加深刻，人生的疑惑也一一展开一一分享。

而沙滩上的舞动者，他们是不会停止的，似乎已经成了上了发条的机器没有特别的外力是无法静止的。当黎明的霞光照下来的时候，他们又转移到不远处山边的瀑布下继续激情绽放。这时的小岛带着一夜的疲惫又带着清晨新鲜的气息在跳动着，路边树丛还有舞动的人群，他们是要舞到太阳高高挂起的。

这次我们都有很多收获，特别是对于刚接触这种文化的我来说，能感受到心灵的一步步开启，有了更多身与心的互动。之后的一年，我们又做了菲律宾孤岛之旅，这种独特又纯净的旅程让心灵一层层升华。

积累的过程到了时候就会升腾的。真正的体会，是在这其后的一年。那段时间因为各种环境的因素，意识上有些淡薄，神情稍恍惚。一个深夜，在介于沉睡与醒之间的状态，我仿佛自己和自己展开了对话。一直思索解不开的人生问题，在那时都得到

了解答，一层层拨开云雾，我看到我的智。最后一瞬间所有疑惑都得到最好的答案，我豁然开朗，但同时一股莫名的恐惧翻腾而来，我陷入极度恐慌中，这时从意识的深处传来旅伴的声音，他说，“你要足够坚强，战胜恐惧，把自己唤醒，不要让自己陷入其中。”这是泰国之旅时旅伴就告诉我体验时要注意的事情，只是那次我没有达到这种状态，所以没有明白。这时的我发出震耳欲聋的一声呼叫，那是一股怎样的力量，声音的频率似乎让身下的床都在颤动。不论怎样，我把自己不知是从哪层沉睡中唤醒，醒来时竟不知自己是在哪个时空，起来看了看客厅那张标志性的红沙发才算清醒起来。

灵性在随后的几天也是跟着我的，思维达到一种高度，说出了我平时说不出的话，做了一些平时根本不可能做到的事情，我知道灵性在成长。

心灵之旅(二) 上

蒙特利尔原始森林之旅

那年夏季接到朋友相约，就去了，赶赴这次的约定。其实自去时就感觉这次的行程会是失败的。一个人和一个人缘分尽了就什么都尽了，感应了无。只不过什么是失败呢，那也只是那时的感觉，相对敞开心灵的沟通来说。可如果说最终的结果能让你更加的认清自己，追寻自我的真实，又怎么算是失败呢。

一直在外奔波，对我来说时差都不是问题，身体的反应也很小。可是这一次，不只是身体反应，连心都累了。与朋友是在多伦多见面的，白天跟朋友谈话时，坐着都困了，心都睡了。没有朋友在身边时反而生龙活虎，后来明了这是我的身体和心里在抗拒这次行程，是因为灵魂与灵魂已经没了呼应。

我们是一路驾车前往蒙特利尔的。时而他开车我看地图，时而反之，一路经过了一个个风景优美的城市，还路过最爱的从天上飘落在凡间的千岛湖。以前来时总有兴致去观光欣赏，这次也没了兴致只是忙着赶路，似乎是要抓住这个崇高的目标来掩饰内心的空洞。

沿路上，我们租了晚上需要的帐篷和相关用品，就接着出发了。快到目的地时就是弯弯曲曲的盘山路，一时在高高的山顶，一时又到了低低的洼地。再行了一会就到了活动的停车场，前面没有车路了，因为又刚下过雨，剩下的就是窄窄的泥泞小路。脱了鞋赤了脚，仿佛走在了儿时的乡间小道。背着行李，扛着帐篷食物，真是踏进了丛林深处。顺着活动方的指路标记，越走越深，到最后小路也全无。天完全黑下来，只有就着微弱的电光向前摸索，树枝上的雨露和着汗水不断打湿衣襟紧贴着我们的身体。我们是夜的行者，是心的使者。

还没到，就听到阵阵乐声，顺着耳朵的指引就到了活动场地。活动分两大片区域，一片是在林间展开的音乐盛会；另一片就是顺着山势铺满的各色帐篷，也就是住宿区了。支好帐篷，与左邻右舍打了招呼，就开始了寻友记。

一路没有心思，现在也像丢了魂似的，只是跟着。朋友总是能找到投缘的人聊上两句，而我成了路边的一个陈设。聚会中心安排在一个稍空旷的草地上，但更多的还是秘密的不透缝隙的树。周边的树枝上被挂上了各个组织要说的话，主张的思想。在震耳欲聋的音乐声中一个个自由的灵魂在搜索碰撞，而我没有被放逐。

每个人都如此的喧嚣，如此的自我。似乎在一瞬间要展示的是整个人生。我独自回到了帐篷。我是要在巨大的声浪中睡去，在灵的旅程中睡去，在梦里自有那真实的感受。

第二天醒来，森林像是燃烧过一样，彻底而完全。等人们都慢慢睡去时，森林获得了又一次的新生，宁静而清新。我呼吸着森林的呼吸，灵动着万物的灵动。仿佛这世界只剩下我，而这一刻我是最清醒的那一个。

心灵之旅(二) 下

魁北克的孤寂

日到中午，我们又出发了，要北上到魁北克，这也是此次行程的安排之一。我喜欢这个城市，这是加拿大里最有欧洲气息的城市，应该就是欧洲，还胜过欧洲，是真正法国人的生活场景。

记忆中的魁北克是孤寂的，可能也是因为以前是独自来的，那里的夜晚又给我留下来了深刻的印像。夜晚的魁北克是真的黑的夜。只有零零的夜灯，以最美的姿势站立，而且灯也似乎是为了衬托这夜的黑，所以可以看见满天繁星，夜行的人是要借着这星光的。不过街上的人很少，偶尔会有一两辆车经过。他们是没有那么多夜生活，更多的是家庭生活，只有一两个孤单的人会在酒吧里过活。整个城市笼罩在静谧里，没有任何声响，只有路人高跟鞋敲击青石路的清脆撞击声，回荡在这孤独的画者最爱的欧式小镇和街道。

而这次朋友是精心准备而来的，我们入住在一个有百年历史的欧洲城堡式酒店。室内的每一件物品都极精致，极有年份。珍贵的我都不敢碰触，于我这已经不只是件物品，是一个故事，是一段历史，有它的开始、发展及呈现在我眼前的现在。

是慕名到这家餐厅的，来了才知道这是到过的最有人文特色，最讲究口味的餐厅。食物的美就不说了，说出了就是满口的欲望。而服务人员的美是我所没有见过的。

他们的美美在外表，女士着统一的当时最流行的中长裙，裙口蓬蓬的张着，层层叠叠，美丽而不张扬；男士着统一的长衬衫和宽腿牛仔裤，随意而不随便。最难的是都穿着同样的服装，却因每个人个性的不同，在穿着方式上的略微改变，整个服装的感觉完全变了，不再是简单的一件衣服，而是自我风格的最好呈现。从外形上细看就知他们不同的其实就是女性的发型和肤色，男士衬衣下摆或半露腰外或整个松扎腰部，裤子在腰部穿着的位置不同，却因为秉性不同，由内而外个个穿出了衣服的灵性，显得个个鲜活异样。看了那么多的服装秀，国际舞台的、时尚聚会的，而只有那天的服装秀让过了十多年的我今天回想起来还是那么鲜活的如在眼前。

他们的美美在行动，工作中认真的人是最美的，这样来形容他们是最合适的。无时无刻他们都在流动着，运行着。或端着盘子，或询问着菜品，或拿来了酒水，等到用过一半就餐人少，喝酒人多时，他们又一步步地撤了桌子，摆起高凳。行动间没有一丝噪音，不打扰顾客一丝雅兴，看着他们的工作，我是一时走了神的。他们的行动没有一刻停顿，又没有一刻拖延。这是一部配合缜密，没有一丝漏洞的现代化流水作业线，又充满了灵性。想想国内服务员站在那叫了几声也不动呆立着的身姿，不禁问他们的灵动是哪来的呢？而我们的灵魂发着呆又去了哪呢？

关于一个城市建筑外形的美有太多人来称赞，也不用我来说了。而一个城市人文的美是要靠内心去领会和感悟的。朋友费尽了心思带给我的美，言行传达的情谊，我是通通得了，一一领会的。

这个城市的美，美得那么独特，美得那么孤单，似绝尘而去的仙子，决绝的。这是因为它是英文国家中独自讲着法语的城市，还是因为它是美洲国家中又在经历着欧洲文明的城市呢？

我的朋友呀，我该怎么告诉你呢。你用一切来明示我你对世界的爱，教我怎么来爱。爱不是索取，而是带引，是让对方成为对方，做最真实的自己。在爱中相互成就。

我告诉过你，如果我是男性我必定成了你，而你若是女性必定就是我。前世我们是一家人的兄妹的，必有从小在一起厮混的血缘情脉，怎能不互相知晓。因着这知晓今生才会相遇，也因着这血脉今生没能走太近。

临走时，你给我一张纸条，折好了放在我手心里，让我先别看，回去再看，说里面有最珍贵的东西。朋友呀，就是不看我也知道里面会是什么。是你亲身在教我，在这世上应该怎样的活，怎样的爱，显示爱。我怎能不知，怎能不晓呢?

心灵之旅(三)

纠结的台湾

儿童节跟着孩子到幼儿园一起参加了爱宝岛台湾的活动。活动让很多人感动，也不免让我记起了前些年的台湾之行。

台湾之行是纠结的。新闻上总报道台湾又发生的事故，旅游的人谁又遇了难。但去的人还是一波接一波，丝毫不受其影响。可知大陆和台湾的那种割舍不断的情谊。

而这次也是我旅行中碰到状况最多的。日月潭的静美、宋美龄故居的浪漫、阿里山的中秋夜、夜半的地震、花莲的台风、塌封的山路。不到半个月的行程什么状况都来了，似乎要把我们当成本地人，一次体会个够。因为艰难所以更难忘。

导游与茶农

在行程的一路上，导游除了介绍台湾的美，就是不断声明对大陆人的亲。但同时话里话外说要大陆人的多多支持，要游人做到三光的，买光、看光、刷光。说谁谁从大陆来一下就买多少多少的物品，听着只觉大赤裸，这也是现在旅游的通病吧。

在台湾人的口中听到最多的词就是省内人和省外人。无论何事，必要分出你我，必要纠出谁的对错。可这只是两拨不同时间来到这个岛的人呀，如今多少年过去，为何不能和睦共处，非要有个究竟呢？如果小小的一个岛上的人都不能安处，这个世界的人如何安处？整个宇宙的人如何安处？ 如今的错，更是人心的问题，而我以为两岸的不得统一，除了外因，这内部人心的纠缠是更难的一个结。

而在阿里山的夜里我却碰到朴实可爱的台湾茶农。到阿里山那晚刚好是中秋节，办理了酒店的住宿后，就顺着山路寻到了山里的一家茶铺。到时，只见他们一家人围坐在屋内的一个大大的圆桌前，品茶论酒。

见有客人，一个老人出得屋外。我是坐在屋外空旷的山野间的，几张木桌、一提灯笼、蒙蒙的借着月色，照亮了我眼前的一片山。老人没有随屋内人喝酒，听得我是大陆来的，来了兴致，拿来自种的高山上的茶叶，亲自给我泡了起来。闲聊中我知道这片土地是老农30年种茶的积蓄买的地盖了房，一家人都靠种茶为生。老人的茶参加过无数次的赛事，获过各种奖项，还因此到过内地参赛，也与内地的同行结了情谊。

说着说着，老人止不住地激动，给我讲述在大陆遇到的这事那事。望着山间的圆月，时而明亮时而浑浊，是被云彩遮了去，而周身却又散发出柔和而绚丽的光晕。月夜如此的空灵，只听到山间偶尔传来的鸟鸣一声一声地为老农伴奏。

老人的一生都给了这山，他们的园地是要从这出发还要到千米高的深处，一季一季播种、一季一季采摘。老人说自己的心也因为这吸天地灵气的茶叶而变得纯净简单，能听到茶叶的心语。所以泡出来的茶，不只是茶，更是情。老人是把茶叶当做儿孙来养育的。如果我们都以这种心来做事，还有什么事做不好呢?

也是在这深夜里，会被地震震得裹了床单从房间逃出来。

曾经的大统领和大将军

台湾是个痴情的宝岛，人到了这里自然地变得与大自然共呼吸，心也柔了。不想说蒋介石的历史功过，但在他与宋美龄的故居里，见证了他们的浪漫爱情。他们在台北的故居像座皇园。宋美龄一生都是中西文化的结合，体现在这个园子里也一样。一边是中式园林的秀美，把个苏州园林浓缩了去；一边是欧式园林的风范，像极了巴黎凡尔赛宫园林的格局，只是迷你些。这里面还有个小小的教堂。蒋介石最初是没有信仰的，而因着宋美龄改信了基督。看着虽小但样样齐全的陈设，仿佛看到两人牵着手走进教堂，虔诚地一起诵经祈祷的样子。

而张学良与赵四在被监禁期间常年生活过的那片山域，更是刻下了他们誓死的爱情。两人的相识相恋已让人感动至深，而在这个几乎与世隔绝的山里，赵四更是放下大家闺秀的身段，在最艰苦甚至没有粮食的日子里，靠耕地种菜来养活两人，每日为张将军缝补衣物、清洗鞋袜，这是怎样的一种情致之深才有的境界，也才有这72年的风雨与共。

心灵沟通师

台湾的水土是注定会产生出这一段段的感人故事的。因为这里的人是信奉纯真和善的，台湾的心灵沟通师也是极多的。然而那种形式和实质的不统一也是有的。

在行程的路上，碰到一位台湾知名的心灵老师，她的观点是文化的合一。认为各种宗教文化的最终极和最原始是一致的，和我的观点相同，故相谈甚欢，我也深受启发，有种相见恨晚的惆怅，故邀老师一同游览一个小岛。在去小岛的邮轮上，因为是冬天，虽然台湾的冬天不是那么冷的，长期旅行经验我知道这样的天气是要坐到船内的。而贪恋景色的游人都只在甲板上拍照留恋。等到船一开，嗖嗖的寒风刮过，自然都跑到屋内避风，可屋内不大，容纳不了那么多人。我们租赁的茶座有空余的座位，我正想着可以让与人。这时一位男士走了过来，问是否可以坐在这里，我刚要开口回复，老师急急地答道，“这是我们买的位置耶，你不可以坐。”

一瞬间，我从对老师的崇敬一下掉入惊诧的深渊。这是一位心灵老师说出的话吗？她是怎样的做到言行一致，文化和谐的呢？又是怎样的没了同情、怜悯、忍让之心呢？这就像听老师授课时说的，哲学家是最能理解人生真谛的，但放眼看去，在你我争吵中哲学家也是最凶的那一个。这跟我们的教育方式多少有关，我们只是机械地学得知识，用来比较和卖弄。然而知识的真谛是要人们理解、融会贯通，在生活中身体力行，去执行的，最终变成生活的智慧。我们做到了吗？对一个地方的认识往往因为一个人的关系而变化，虽然这并不能说明全部，但我与这位老师的缘就此也就断了的。

台湾是孤单的。这种孤单就像是失去了父母的孩子，任别人给予多少爱与情，任内心深处总会感到孤寂。因为没有了无私伟大无欲无求的母爱，少了份宽博与伟岸的真情，多少你会觉察出他的有些放不开的拘谨的心。他们只有在遇到同类时，才会在相互认同的满足中有一份同病相怜理解的亲。但这些他们又是绝对不认可的。

对台湾的情，不是一次简单的旅行可完全的。是在相见的亲、听见的心、关注的情，身边的一个人，发生过的一件事，因着台湾的情节而有了更多的关注与参与。只是我们何时才可打开深藏心底，需要慢慢夹化解的那个结。

第二篇

情感的体悟

回转

我想这段时间我是活在回忆中的吧，一下子碰到了那么多儿时的同学，当年纯真又好笑的故事和情节，一幕幕在尘封已久的心里慢慢升起回落沉淀。而现实的生活还是在经历中的。所以回忆和现实，现实和回忆，反复中仿佛时间一下子把我又拉回到了我的童年时代。

虽然并不算老，但人生形式上要发生的事似乎都发生过、经历过、体验过，自以为现在的我可以随时无怨地被天使带走，现在要经历的只是对前段人生的补充，把当时没有时间体会的拿来重新好好体会一遍，用不同的方式，用我最喜欢的方式，体会我渴望的快乐无忧的童年，纯真简单的爱情，相濡以沫的家庭生活。

幸运的是因为孩子在身边，所以快乐童年好像没有任何设计就幸福地开始。人生好奇妙呀。我的生活怎么会是一段一段的呢，而且段落之间没有任何转接，就好像小时写的作文，想到哪就是哪。我虽然现在人在北京，其实心里的环境，还是学生时代的家乡，好像现在的生活是和这些关联在一起的。而在外漂泊的这些年和经历似乎根本不存在，发生过的事也只是别人的故事，我只是看了一部小说或电影，中间碰到的某个人，某件事，都是虚构，和现在的生活全然无关，根本不需要交代，因为也没有关联。所以回忆是现实，还是现实是回忆呢，我已然不可分开，好像也不需要分开。

我的记忆是可以随时封存随时提起的吗？在外漂泊时，我也根本不记得现在回忆起的人和事，觉得那是个单纯的梦，周边的人全是陌生的，环境是迥然不同的。没有人提起，也不需要记起，我随意着张扬着，演绎着全新的角色不代表任何过去的我。那时的我会想到我又回到了家乡，回到了学生时代吗？

百转千回，曾经的人，曾经的事，发生过也好，没发生过也好，记得也好不记得也好，好的也好坏的也好，都在那里静静地候着，你要想起就想起，想不起就放下吧。

情意

每个人都经历过纯真的感情吧，也都还在期待着纯真的感情吧。

不知什么缘故，突然记起了那么多大大小小的往事。本来我是统统打包压在箱底的吗，本来是被加上了心锁遗忘了吗？

记得那是一个美丽的夏天，在大学湖滨安静的宿舍，突然接到一个电话说有人找我。下楼一看原来是假期在家乡美容院打工时见到的一个人，他怎么会到这呢，他又怎么知道我在这呢？

这是一个极富吸引力的异性。打工时，我就注意到他那么高的个子，那么有朝气，酷酷的却很温柔，很是吸引我，让我忍不住总是不断地偷听他们的讲话。只是知道他是社会上的人，还在南方打工，所以不可以搭理这种人的，当时的我骨子里就是这种想法。可现在他怎么来了，还从那么远跑到这找我，会有什么事呢？不过在外地看到家乡人还是很亲切的，更何况他那么老远专程过来。

他说话不多，只是讲想了很多方法才找到我，想带我出去玩一天。虽然很怪，也不知道缘由，但还是莫名其妙地答应了。可能是因为他的诚意和不能被拒绝的表情。

虽然在武汉有一段时间，但那时我哪也没怎么去过。他带我从武昌到汉口，坐车又坐船，似乎对哪都很熟悉。一路上我们说话很少，我就随着他只是走，偶尔看着身边经过的风景。他问了问我的学习和生活情况，这时一对打扮时髦的女性从我们身边经过，认真地看了我们一眼。他就说，“你知道刚才两人说什么吗，‘她们说我们很配，你很美，看她们都喜欢你。’”我很不好意思，内心却觉得很甜蜜，那是我第一次那么激动。

跟他在一起走路觉得很安全，他那么高，一副随时要保护我的样子。我知道自己从小就希望有个哥哥可以保护我。小学时因为小，总是被同学欺负，有喜欢我的男生因为怕被别人知道，反而也用欺负的方式对待我，记忆中我总是哭着回家。有一次在放学路上被人推到河里，湿淋淋跑回了家，妈妈为此还到学校找过老师。心里真希望有哥哥来保护我，跟他在一起就有那种特别踏实，安全的感觉。

后来他带我转了几个地方，然后来到一个加工金银首饰的地方。他要把手上的一个金饰重新制作，问我喜欢什么样的，要送给我。我更奇怪了，坚决不同意，不过因为当时也加工不完，取不走，我就不算真收了别人的东西，就随便选了一个样子。

天晚了，他送我到宿舍楼下。临走前也没说什么，只是告诉我，他要回南方去了，我就傻傻地说好。

没想到这就是最后一次见面，是第一次单独见面也是最后一次。

在我把这件事情都忘了的时候，一天收到一个邮件，打开一看竟是那枚戒指。我觉得好怪呀，因为那次见面后就再也没有他的任何消息，怎么突然收到这个呢？找到邮件上的电话打过去，一个男的声音不是他，这时才知道我连他的名字都不知道。见面那天就是他问我答，他说我听，我什么也没问，什么也没多说。电话那头只是淡淡的说，他死了，犯了点事，让我把这个寄给你。我很诧异，愣了，不知所以的就挂了电话。

后来听人说，家乡有几个人在深圳打工犯了事，被判刑了。我才明白他知道自己要走啦，特意来找的我，送给我那个戒指。可我连他的名字都不知道。

我不清楚他犯了什么事。但对于我，他是那么健康，体贴，充满活力。是呀，他那么年轻那么有激情的人，可能冲动之下什么事都会做吧，就像为了曾经的一次见面尽然跑到武汉来找我。只是我那么傻地连对方的名字都没有问，他也没有说，可能也是知道自己是早晚没了的人，我记不记得无所谓，根本也没有想着告诉我。

对于他来说，他是要完成自己的最后一个心愿；对于我来说，因为他，生命中有了一个多么纯粹的记忆。纯粹得就像一枝玻璃花，还没来得及碰触就早早的碎了，只留下淡淡的香气在夜深人静时，在褪去浮躁时悠然飘来，独自美丽，散发着芳香，似乎随时提醒我这世上原本有着怎样纯粹的情意。

百转千回，曾经的人，曾经的事，发生过也好，没发生过也好。记得也好不记得也好了，好的也好坏的也好，都在那里静静地候着，你要想起就想起，想不起就放下吧！

等待的心

我有一颗等待的心
不小心遗失在你的心门
不曾敲击 没有呼唤
只期待你心的感应

若你我是那有缘的人
我正在你的心门
为何你不知

若你我不是那有缘的人
我正在你的心门
为何你又停住脚步

我只能有一颗等待的心
只把心留在你的心门
求你的一次回应

甜 蜜

——致女儿

夜半醒来
看着枕边酣睡的你
粉粉的脸颊带着笑意
微卷的头发柔软浓密

我看着你
猜测着你的梦
是和伙伴在欢畅地游戏
还是演奏那首白天未弹完的曲子

我看着你
轻抚着你的面颊
欲亲吻你的唇
又怕惊醒你的梦
我呆坐着

像坐在自己的梦里

我看着你
我的孩子
只想告诉你
我知道什么叫做甜蜜

黑的夜

没有灯火
这是浓得化不开的 黑色的夜

怎么会来到这里
是顺着心的印记吧
才走上这条没有人的湖边小道
万物都掩在夜里
留下的 只有我的脚步

仿佛听到了你的心跳
于是把心停泊在你的湖心
静谧的月夜
你吞没我吧

吞没我
趁着我还没有防备

吞没我
因着我保留的一颗完整的心
吞没我
为着我和你一样浓得化不开的感情

这夜
如此的黑
我消失在黑色里

相遇的灵魂

人和人是因着感应而遇着。

夜幕来临，城市上空，飘着一个个纯粹的灵魂。他们相互交织、替换、灵动。没有形式的束缚，只有精神的互通，直接又简单。

清晨来临，在阳光的照耀下，灵魂回归。你的心便被安上了一个家，不论丰盛或贫乏、遥远或咫尺，从此就有了依托。

因着这份感应，有缘的人纵使隔着千里，也有着明日的聚首；无缘的人，近在眼前，也只有擦肩而过的漠然。

打开心扉，把灵魂放逐得很远很远，即使在万里，你也能感应到吧。

孤独的过客

城市里总有这么一些过客，孤单流落。

他们是城市上空独自流浪的一个个魂魄，为着一个梦一个愿，一次回望一次牵盼，跋涉千里而来。

但也注定只是过客，当万家聚首时，他们从此流落，身无居所。

城市的酒吧是为你安排的吧，要不然你该去往何处呢？来吧，跳一曲酒醉的探戈。

看街头霓虹闪烁，路人喧闹过活。

热闹是他们的，只能匆匆而过，留下的还是寂寞。

人生不过是醉一场，梦一场，再别一场。别了，过客远去。

城市一片静谧。

醉了，从此不醒来

不论怎样，都不能醉，不会醉。要众人皆醉，我独醒。可以糊涂，但不能迷醉；可以犯错，但不能沉醉。

一直坚守着自己的信条。一个如此感性的人，醉了会怎样？从来也不敢触碰，更不能违背。

而这次我要醉了，醉了。醉得不再醒来。

醉了，就此揭开虚伪的面纱。以为会是最坚强的外表，原来是脆弱灵魂下一直逞强的粉刷；以为会是最坚韧的内心，原来是温柔的心灵里最不堪一击的纸花。

醉了，只有睁不开的眼睛，迈不动的步伐。世界从此柔软、模糊不清没有方向。不醉，原来没有可以依托的肩膀，如何才能停靠；不醉，原来没有可以信任的臂弯，如何才能不让自己倒下。我的坚持是三十年的，只为一个可以承载的心爱。

就此沉醉。你问我，如何你哭了呢？我的眼泪该是用岁月串起来的珠宝，颗颗晶莹，个个剔透，记载了内心真实的美好。我是累了，累得倦了，要独自走这漫长的路途，如何不会疲倦呢？没有一个启示，没有一个向导。只是默默摸索着向前迈进，却又不知在哪里停靠。

就让我靠在你的肩上吧，疲惫的心在此逗留，彻底放松，为这完全的信赖；就让眼泪肆意流淌吧，这是心里的洪水在奔涌，是说不完的坎坷，是道不尽的心酸，是需要一辈子慢慢修复的委屈。

这时我知道，有一种哭泣，是伤心时身体流出的眼泪；而另一种落泪，是心灵触动时潸然的表达。

这一刻，不再是谁的谁，我只是我自己，没有责任与委托，是纯粹的一个自我，是怎样出来又怎样回去的灵与肉的结合。这一刻，周边没有谁和谁，是一个单纯的世界，一个没有纷争、只有爱的融合。

这一刻，除了自己，剩下的都是虚无。

爱·伤害

如此的爱你
但没有走进你，怕靠近你受的伤害
只是远远地看着你

如此的爱你
要给你，我的所有，你能一一领受了吗
要你的所有，包括困难与折磨，你能都给了我吗
没有走进你，怕你难为的伤害
只是远远地看着你

如此的爱你
把自己留在日落的门外
怕一开门与你撞个满怀
我的热情瞬间让你澎湃
没有走进你，怕你燃烧的伤害

只是远远地看着你

如此的爱你
把心系在你经过的路口树梢
从不敢熄落，要照耀你的路途情怀
没有走近你，怕你顾忌的伤害
只是远远地看着你

如此的爱你
我已忘记我的名
只知道你叫我等待
等待在前世遗落，等待在今生苏醒
等了生生世世，如今还是伤害
没有走进你，怕你明白的伤害
只是远远地看着你

年轻的情怀

那一年,你说要带我去流浪，说要去英国。

你是潇洒年轻的才子画家。虽说不是名家大腕，但在圈内还是小有名气。对你有好感是自从到了你的工作室。一进门就喜欢上墙边的这幅画，你说是你的作品。画面上一位美丽的女子，低着头，垂散的头发遮住半边脸，手心里捧着一支蜡烛，说是拿在手中，却更让人感觉是放在心里，亮着暖着。借着蜡烛微弱的光亮女子优美的身段在微敞的衣服里若隐若现，玲珑精致，美得让人窒息。一个能捕捉到女子如此温柔场景的人，心中一定是充满柔情，极懂情谊。

而英国又是几次游历，但终究没能留下的地方。最记得那年坐海底隧道火车从巴黎到伦敦找朋友一起过26岁生日。去时还25岁，专门买了学生特价票，可是回来时，25岁刚过一天。古板的检票人如何也要我新买了一张票去。原本往返的票才360 法郎，如今单程票就要100 英镑，硬生生地多花掉千元人民币的费用。对英国人的认识也是从那时开始的吧。

如今，你要我随你去。

我是喜欢的。从小就想着可以一生周游，身只随着心动。

我是喜欢的。就盼着在人生的旅途中，会有结伴的旅者，从此心只随着他动。

我是喜欢的。你的聪慧的温柔的眼，在夜空里总是放射出星光的柔情洒在我的心上。

只是那时，我是断然不能答应的。

不答应你。只为你我时间空间的运转还没有那么的恰如其分。

不答应你。只为注定你是那流浪的艺人，而我只是你漂泊的路人。

不答应你。只为此生心中等待的那个梦想。

不答应你。只为那时年轻的情怀。

忧伤

优美的提琴在耳边缠绵彷徨
缓缓勾起淡淡的忧伤

忧伤
是阴阴的天
是绵绵的雨
一滴刚落一滴又淌

忧伤
是河的流浪
是江的奔放
一波刚过一波又上

忧伤是雨滴
一头连着天一头拴着地

忧伤是水流
一端是源头一端是岸堤
忧伤是雾气
弥漫眼也弥漫情
忧伤是冰冻
封住口也封住心

我的忧伤
无处不在
又哪里也不在
是一块美丽的心思
是一段长久的相望
是未完的一个心念

多年以后

今晚月光如水，一切美丽掩映在温柔里，朦胧诗意。也是在这样的夜晚才会听到多年前的朋友，从遥远的地方发来的一句问候吧。

只是这晚朋友的话很多，林林总总讲述的都是多年前的前尘往事，曾经的纯真年少。只是这些都应该是多年前的问题，那曾经等候了几个冬季的一个问题；只是这答案应该在多年前，不是在失散后的今天。因为只能是回忆，所以都是遗憾，也因着遗憾，才珍藏了这许多年。

这夜你是醉着的吧，你是借着月夜的迷离和精神的迷醉才吐露心语的吧。何必把自己装在套子里呢，过去如此，如今不改。你说人有很多的不如意，很多的不得已。如果你本性如此，就此过活，没有什么不可以。如果你要活得坦荡真诚，就让心灵来诉说，把形式放在门外。

随世人的怨，随世人的烦，还是做一个敢说敢做的真人吧。不想总是在多年以后的一个戚戚的夜里，回答十多年前的一个问题。

忐忑

——回乡路上

近了，真的是近了
心却不安了
该见谁，要见谁，谁又会想着谁
会被谁忘记，又会忘记谁

到了，就要到了
心更复杂了
该去哪，会到哪，这里还是那里
熟悉的还在吗，陌生的又是哪里

爱的空灵

是你在轻声呼唤我吗？只怕你呼叫我的名。你一呼唤，我的心就碎。放下所有的将来等你，等来的只是这一声呼唤吗？

要扯断所有的连线，从此断了因缘，了无牵挂。你的呼唤又是为哪般？

把什么都留给你，让你选择。你不需要，我就远离。断了所有的关联，从此消失，我可以做到，谁都不会只做被动的乞者。本也可以一切都随了你，只有想不到，没有做不到。只要你的选择，正如你说，生活就是不断抉择。

而你不联系，没有音信。只有当做你是全然放弃，而我也只能全面撤兵。可以排山倒海地来，也可以一声令下地去。你知道，这是我唯一保留的最后的权利。

形式上我可以完全地做到，至于心思只能让时间来清洗，用年轮来褪色。

不要说你对我是在心里，在情感里你是理智的空灵，我是激情的精灵。于空灵，即使燃尽所有的情，也没有哪怕一丝的呼应；割断所有的自尊乞求，也不能打动无泪的心。于空灵，我又如何能驾驭，你是一切，又什么也不是。

只因不在计划之中，得到了不觉珍惜，失去了不感可惜。
主动久了只是疲惫，等待久了只能崩溃。

爱上的只是空灵，不过如此。
只活在你的梦里，不过如此。

醉上西楼

是怎样的时空交错，冥冥中来到这里。只是刚才还在地面，这会已入云端；清晨还在北部，晌午身处南方。又是受到怎样的牵引来到这片静谧无人的心湖呢？

顺着石阶，沿着溪水，一路的指引，才从山脚来到这碧绿的湖水中央。想必过去的文人骚客也如我般，这样的仙境应是人迹罕至之处。若堆堆地满了人，而我们的人，又必然地大呼小叫，呼朋唤友是如何能让景致美得如在梦中呢？正如，那爱鱼的垂钓者所知，他们是要静静地安坐与鱼交流的，怎可吵吵地惊了鱼的到访。

而这灵秀的水也如此。她必等到懂她的人来到，才美美地放了轻松，舒展开胸怀，阔阔地任你游，女子只为那阅己者容的。

傍晚时分，登上这湖畔的度假小楼。举目远眺，只见绿绿的树围着这碧碧的水。晚来的风，送来树木的芳香。天气是阴阴的，不知是水面还是山间的雾气升了起来，人已经是到了雾中的。让我想起曾经住过的半山中凌空架起的空中楼阁，长长的游走在云间的回廊，高高的吊脚的木楼像是山中乍然盛开的一朵灵花，袅绕的音乐响起在云雾间送来空中的和弦。

入得夜来，本想望月，谁知南方的雨也是知道这人间旱情的，不埋怨人们犯的错，竟淅淅地垂落。推开窗，让山间的雨入室，随着雨入室的还有情人的眼泪。竟然还专门有那痴情的幽男怨女，偏择了这山这水这雨哭诉衷情。一方分了心，一方必要找了去，要黑白相见分出你我的，必要对方对天对地盟了誓言的。这雨中的幽怨呀。

天下之人，爱莫一般。

掏空的心思

这一刻，我跌坐在椅中，感觉内心被全部掏空。但却没有任何失落，反而全身的轻松，一种被释放了的轻灵。

今天，被一个杂志邀请做专访。见面是在一个优雅静谧的咖啡厅，刚一落座，职业的惯性，编辑就拉开了话题。

先从经历谈起，学习工作，心路历程，一次次地转变，事业的高峰低谷，人生的峰回路转。在回忆中我仿佛又过了一遍人生，重新的梳理，也帮助更好的认清了前方的路，我的人生在做新一轮的转变。冥冥之中感觉正朝着今生的使命一步步迈进。

然后又是我的情感，生命中碰到的那么多帮助你支持你的人，值得珍惜的亲情、友情、爱情。作为媒体可能更关注你的婚姻家庭，特别是作为单亲妈妈的我。本不想被提起，因为也曾经试过记录那刻骨铭心的伤与痛，可刚写到开头那想像中的美好，就纸笔落下。

回想本身就是一种伤，是在愈合好的伤疤上又拿刀来挖，挖得越深越有钻心的痛。我能记得的只有美好，不愿也记不得感伤，我的记忆有自动的删减功能，不好的就自动删除。

不过，我还是要叙述，我要掏空心里的痛，掏出来就不再备份，彻底清除在垃圾桶里，再燃烧在空气中。我知道因为彻底的痛才会有今天的平和淡定。那是经历中必然的一部分，是没完全的内心的反应，是那时性格缺失的写照。你的缺失有多大，就要给你多大的痛，让你彻底清醒、明白才算罢休。经历过了才能放下。我的单纯又可怜的爱情，是存在我的幻想里的，爱恋的是那个虚构的人物，只是选择了那样一副躯体来承担。

罢了罢了，我掏空。只有掏空，才能再盛下圣洁的爱。

我上天入地，刀山火海；我辗转反侧，颠沛流离，只为了寻觅一个你。

因着这寻觅，我心神不宁，惶恐不安，跌跌又撞撞。我的灵魂知道我的使命，指引着前行的方向。因着这无法满足的强烈的渴望，来到各种地方，经历各种曲折，甚至跨越漫长的旅途，为的就是下一刻与你的相遇。

我正重塑自己，造成你认识的模样；我正调整频率，做成和你一样的波道。

我的灵魂伴侣，我正唤醒你的感应。遇见你，心从此不再流浪，这是旅途的归宿，只与你和谐共渡。

这一刻，我知道你就在不远的地方，如我等待你般来把对方期待；

这一刻，我向浩浩的宇宙发出一个慑人心魄的无限能量的波道。

游园惊梦

与君本是城里潇洒的两位公子。相貌生得俊俏，又比常人多读了些书，自然又平添几分倜傥。不求达官厚禄，不入尘世流俗，每日吟诗作画，好不逍遥。最爱街头巷尾评头论足，与平常人话家常。若哪日觅得脱俗的女子，自又是好一顿回味，忘了杂常琐事。

一日，与君相约游园。春日里，满园花香惹蝶怜，女子流盼比花娇。忽见园内高亭端坐一女子孤芳自傲，冷若冰霜。这般美景为何却愁锁眉头，辜负了那般神韵与娇容。打听得来，原是街头大户人家备受疼宠的爱女，论品貌是尽人皆知的，只是已许得家财万贯的权贵人家。

回到家中，便惶惶不得终日，要与那女子诉一段衷肠，托梦邀寄一片痴情。而终究不如愿，奄奄不可方日，便叫了仁君发下誓言："今生我与那女子是不得见。但来世我要做多情的女子，让那女子做痴情的男儿。我要生得绝世的容貌，让他生死不得相忘；我要身怀罕世的奇才，让他醒来梦中都念着我的好。你必要还是我的仁兄，相伴我左右，爱怜我疼惜我。我们来世再相见。”

时光穿梭，前世今生。回到了现代，两人必在小时就得见，只是不相知。有了百转千回的错过，哪一日必悟得前世的相约，这一醒便是惊涛骇浪的激情，便是翻越万水千山的回望。而在纷繁的乱世中，因着你的眼神纵使在茫茫人海中也能识得你，不论你着哪样的服饰，留哪样的头型，有着怎样的身份。你的眼神是幽幽的一汪清泉，是深藏在心底的那方天池，那英黄深邃羞涩的眼神，写满了你的聪慧和睿智，凝聚了你的才情与孤傲。

在这平和的日子里，既没有包办婚姻的愁肠寸断，也没有战争杀戮的离别生死，却又为何两不能相守？他和她本是宇宙的两个原始的点，若心相吸，必连成直线，越走越近，终而汇一点。若两相异，必反之为射线，越走行将更远，终归不得见。真正是梦一场，断三世；爱一场，醉千回。

只是这情缘，哪日方得聚首。

第三篇

生活的体悟

阳光下的生活

喜欢最纯真的情感，喜爱最真实的感受，因为这是阳光下最美的生活。

周日应该是我最盼望的日子，因为每天都有安排，周六还是专属孩子补习的日子，而周日不会特意安排什么，所以就等着盼着有意思的事情来敲门。这不，一个项目约业主来认购一块地播种，种子领养。觉得很有意思，对小孩会是很有意思的教育，可以让她亲近大地，玩玩稀泥，比起橡皮泥要有意思得多吧；而父母更是喜欢，想他们小时多少跟土地打过交道，而现在在城市几十年没有接触过土地，也很是期待。

这天一大早我们就到了潮白河边的目的地。因为很多人周六就来过，所以今天人不算太多。这里还有很多有趣的节目：双人自行车，即时拍，采摘活动等等。不过我们一下子就喜欢上了、风筝ＤＩＹ的节目、小藜一向爱创作，这段时间周课后又上了专门的画画课，自然想好好地表现一下啰。

有时，大人想不到，小孩也是对自己擅长的事情很有兴趣，更有信心，如果大人没有给他们创造机会展示自己，他们也会对自己失望，没有自信。小藜提笔就开始作画，我们反倒成了她的助手。先构思主题——向日葵爱太阳，于是吩咐要画笔的颜色，黄色，红色，绿色什么部分用什么色心中早有安排，看她自信满满的样子很是可爱。一会一幅画作就完成了，爷爷写上她的名字，她不忙不急又开始了新一幅画的题材——猫头鹰的家，画上两只猫头鹰站在树上好美艳哟。最后我们等画干了就穿上杆，系上线，风筝就算是做好了。

忙完这些都快到中午了，我们就坐着小区的电动车到了认领田园的地方，给了我们 6 、 7 号两块土地，我们选了些爱吃的蒜苗、萝卜头、花生等种子，拿着小桶、小铲子就开始了新生命的培育啦。

这真是一块很美的地块，旁边树上满枝桠的桃花，在风的吹拂下纷纷落在我们的地里，似乎想先滋润一下土地。远处成排的杨柳树也纷纷吐绿，迎风招展。小藜连蹦带跳地来到田间，这时工作人员给我们详细讲解了怎么松土，怎么撒种。忙碌的瞬间总是美的，我则成了总指挥，小藜干得手忙脚乱，最后只得真的和稀泥去了，把自己眼前的一块稀泥和得很是均匀，如果不是天还稍凉，真想让小孩脱了鞋袜，用脚踩泥了。

友好的工作人员怕小孩无聊，还很有心地拿来了漂亮的彩色风车，小藜更是高兴了，对着风口舞弄了起来。父母这时已经播好了种子，正把旁边工作人员准备好的水一壶一壶地浇在种子上，洒得很均匀很细致，看得出他们也非常开心。

虽然这只是小小的活动，在农民叔叔看起来就像作秀，却不知对城市生活的人来说这真是个难得的体会。比起每天只爱K歌，逛酒吧这种在狭小的室内空间游玩的现代人说，多出来走走，多体会大地和天空的美是多么真实呀。

生日前的生日

这个周末除了常规的小孩补习课程，剩下的时间全是在孩子的生日聚会中度过的。

本来小孩的生日是在下周。因为要离开北京几天，也因为是周末，于是就着生日的借口安排了各种各样的聚会，与自己的朋友，与小孩同学的父母。孩子是开心快乐的。有美食可吃，有礼物可收，有游戏可玩。忙忙碌碌两天没有休息。

因着这周是复活节，刚好周末课程的教育机构举办了大型的复活节游戏互动节目，我们也毫不犹豫地参加了，算是又一个生日庆祝吧。极富创意的T恤彩绘、精彩的个性服装秀、充满童趣的彩蛋涂鸦，小孩玩得是不亦乐乎。最后彩蛋不知能被涂成什么样，倒是小孩纯白的礼服裙上满是油彩，更别提因各种颜色掺杂变黑的双手。小孩开心我就是幸福的。

虽然不是基督徒，可经文曾经抚平过我苍茫的心，更因为喜欢里面优美的文字和教义，有时也会去参加礼拜。这周日的上午就带小孩去教堂参加了复活节的礼拜。

礼拜是在一个剧场里。复活节原意是庆祝耶稣的复活，不过流传到现在就是在春天里的一次隆重的聚会，这也是圣诞节后又一个盛大的日子。大人小孩都会穿新衣来预示像春天一样的新生。

因为是特别的节日，教堂门口早早就聚满了人。大人小孩都异常兴奋，各自拿了些经文资料就往里面走。场内已经人满为患，没想到在能容纳几千人的剧场根本找不到座位。好不容易找到靠前的位置坐下，舞台上已经开始了常规的演出，这种演出除了专业团队有时来表演，大多是教民自发组织排练的节目，所以特别自然轻松。虽然有的不是那么专业，可因着一份恭敬的心和特别的情感而动人。演出后是圣歌合唱、全体祈祷、圣经讲解，活动内容很多，都围绕着教义和当天的主讲内容来安排。

最令人感动的是大家一起唱圣歌的场面。感动于那种为了一种信仰，执着不舍虔诚的态度；感动于几千人上万人同时站着，自发地用心用情演绎同一首歌的意境。那一瞬间我们的心连在了一起，因为真善美而连接。这原本就是个简单的世界，哪有那么多的纷争和掠夺？人人都是平等的。

现实生活中形式上的东西太多了，为了某种成绩而做出的表面功夫，是专为给别人看的。什么时候能真正为了一颗心的律动而动，而不是活在虚假的形式里；活在别人的目光中，活在所谓的评论下？对于外界的纷杂，我不以为然，确信一个坚定、执着、有意义的信仰能指导一辈子的人生。

我不是希望女儿成为基督教徒，或者别的什么，只是希望能及早形成自己的信仰，这种信仰不一定是某种宗教，但它一定是内心里最强大坚定的力量。任何时候，不论顺境或逆境，贫穷或富有，得意或失意，这种力量能让她活得坦然、自信、有目标，我就欣然。

女儿呀，我知道你有时会觉得累了倦了，埋怨母亲对你要求太多。那就让我们一起牵手度过吧，只想让你尽快找到你自己，不要在该学的时候没有学，该玩的时候没有玩，该记住的时候选择了忘记。

母亲是在和你一起新生。你的生日就是我的新生日。我们是约好一起快乐成长的吧！是约好相互帮助共同进步的吧！是约好相伴一生做最亲密朋友的吧！

家乡的那一抹绿

最难忘家乡的那一抹绿。绿得风格迥异，绿得自得其所，绿得心旷神怡。

绿得山水一色的漳河

在漳河水库弯弯曲曲的山路上前行，像坐过山车一样跌宕起伏，心潮澎湃。迎面的山风吹过来，带着山花的香甜，带着树木的芬芳，满心满眼都是醉绿。

朴实亲切的农家小院，坐落在依山傍水的水库边，有着最原始的真。环绕着农庄的树林里，满跑着各色土鸡，或溜溜达达，或追逐嬉戏，或仰首歌唱。它们怕是比人还要享受这环境的悠然吧。

漳河的水怎么那样的宽阔？环绕着你想探出你的博，可飞奔着的游艇，是如何也跑不出你的掌握；俯看着你想探出你的深，只见碧波荡漾，得不到你的究竟，你有比女人心思更细密的深邃。

绿得晶莹透亮的莫愁湖

到了这湖，是应该忘了人间的烦恼的吧。湖水晶莹剔透，醉了游人的心。你是想坐着小船就随着水流，漂到湖心去的，以为那里就是心灵的归宿。荡漾荡漾，就这样心随水流，沉醉不愿知归路。

最爱的是夜晚的湖，静得没有一丝声响。湖把自己整个地留给了煦风，任由它吹着，伴着湖边的柳。他们应是最佳的伴侣：一个是心胸宽广的男子，任由你信任依赖，不妥协不背弃；一个是婀娜多情的女子，就是娇媚迷人，甜蜜依靠，随着你乐随着你舞。

绿得深邃淡泊的汉江

这是江水，还是一名淡泊名利的男子呢？你静静地躺着，像躺在母亲浅浅的臂弯，不张狂，不妄动，任由着船舶的穿梭，游人的惊扰，如何如何，独享那份静静的日落。

你的静谧是何为？是因为知道怎样的波涛汹涌，最后还得是归于风平浪静的平和；还是知道只有丢掉无谓的牵扯，才能获得更广博的厚德？

绿得日新月异的彭墩

记忆中怎么会有这样的村庄呢，是传说中的世外桃源吗？人在画中游，景在心中留。一棵树，一片瓦，都是智慧的凝结。新农村新景像，新得不知道是在人间还是天堂。

农田的科学化管理，居住的合理化规划，资源的正当开发，智慧的最佳利用，才有这景像如诗如画。

别了，二十年一醉的家乡，记得你的美，记得你的好，最记得你那一抹割舍不去的绿意。

和儿童一样快乐单纯

今天是儿童节，要随着孩子到幼儿园参加他们的活动。这次活动的主题是为了庆祝辛亥革命100周年，建党90 周年举办的幼儿爱祖国、爱宝岛的两岸同庆六一“我们在一起”大型活动。

活动前老师就让准备很多资料。因为去过台湾，给小孩准备了大量的物品。带回来的台湾少数民族的服装、图片资料，一些特色纪念品等等，都一并早早给孩子带到幼儿园来了。

今天的天气特别的好，入得园内，早已经是人山人海，先忙忙地给小孩换上表演的服装，大家就纷纷围坐在园子里的操场上了。

看来学校也为此活动做了充分的准备，从学校门口到操场沿途挂满了有关台湾的各种风情照片，上面标明了风景点和文化特色，还有提供照片的小孩名字，真是能再重温台湾的各种场景。

我们带来的照片也排放在各处了。操场中央的舞台布置得也别有心思，被各色气球围了个满怀。

演出在老师的一段阿里山姑娘的舞蹈中开始了。接下来的节目是幼儿园里大中小15个班，以台湾的代表城市或民族为名表演节目。每个节目前都会有一段相关城市和民族的简单解说，让人多少对台湾有些了解。

最令人感动的节目是小班同学在老师的带领下表演的小话剧。老师代表祖国母亲，四个小朋友分别扮演台湾、澳门、香港和大陆，用简单的情节表演了各地方与母亲的关系，分别的伤怀，相聚的欢乐，及最后对台湾回归的殷殷期盼。虽然表演是简单的，但孩子们幼稚的表情和用哑哑童音讲述的故事，还是让我不禁流下了泪，最让我不能控制自己的是母子分离的痛。

每个班看来都是精心准备的。统一的特色民族服装、整齐划一的动作、稚嫩纯真的表情让节目平添了几分精彩。演出是一个班级接着一个班级的，表演完毕后，是全体儿童以班级为代表在长长的白布上集体创作绘画。因为和台湾那边的一个幼儿园是姊妹园，所以作品会寄到台湾，送给台湾小朋友的。孩子们的创作热情高涨，个个勾线涂色，非常认真地表达着自己的创作意图。

看着一幅幅长卷，孩子们好有成就感。活动的最后是放飞气球。孩子们在卡片上写下自己的心愿，系在气球的末端。在礼花过后，一声口令下，孩子们一起放飞气球，气球带着孩子们的期许越飞越高，直达天际。而我姑娘的心愿是可以天天上幼儿园，老师听了不禁乐了。有时上课还不是很乖、闹脾气，这时因为玩得开心，竟希望天天如此，天天来园了。也可想一个成功的活动，小孩也是能感觉到的，她感觉到温暖、认真、分享的乐。

真是一个美好的儿童节，因为老师的精心策划，我们和孩子都感觉到无比的快乐。能几百人同时在一片阳光下，看着翻飞的气球，带着最真挚的希望，同时感受着祖国母亲的博大和宽广。我们同时仰望着天空，那一瞬间我们是最纯真的，没有了平日的繁杂世故，有的只是纯洁的梦想。我看到有的家长也感动地擦着泪水。

一颗真挚的心，一份对孩子们的爱，任谁都是能感觉到的。同时我们的爱也因着孩子变得如此简单和单纯，让我们敞开心怀，丢开杂念，这一刻只像孩子们一样简单快乐。

欢畅的汇报

调整自己的工作状况，不想错过孩子的每一个成长过程，不错过与孩子一起长大。

小孩学校总会安排各种活动，钢琴汇演、节日庆典，今天又是学期成果汇报。

老师先对每个小朋友的特点一一做了点评。让我最开心的是老师给小藜的评语是“能用音乐和绘画表达自己的感情”。哇，好高的评价呀，我可是一生都没有听到过哟。

接下来是绘画造型表演，武术表演，背诵诗歌，字组词唱。文武汇报完毕，就是刚刚学的10以内数字的演算表演赛。孩子们一个接着一个上台计算，可笑的是有的还是要一边算，一边偷偷的伸指头算，好玩得很。可惜的是还有人算“4-2=5”，没办法啦，回家补课啦，还好小藜都做对，还算是欣慰。

下面的是我最喜欢的，全班乐曲合奏。各个小朋友分持不同的乐器，在老师的指挥下，各声部分别演。高音部低音部因为乐器不同，发出的声音全然不同，有木制小棒、金属铃铛、皮质圆鼓及塑料合盖，材质的不同本身就有一种原始的纯美，在合理地编排下，就赋予了旋律更多的自然的情怀。小孩子们神情专注，一方面是因为有家长的关注要好好表现，更是因为音乐的魅力吧。大家都基本合拍，只是有个小的纰漏，没想到小藜一下就感觉到了，忍不住掩嘴偷笑。她真的是如此的敏锐呀。

汇演的最后是一曲手舞“有你的地方就是天堂”。好感人的歌曲呀，简单质朴，台湾有些作品真的是感人至深的，这种感动不是那些华丽的词藻，隆重的铺垫，有的只是体会过后的简单的真。同学们个个动作稚嫩可爱，充满童真，偶尔出的错，反而更觉得一种笨拙的朴素和傻傻的美。为什么突然这么能感受错误的美，一种反常态的美呢，是一种恶之花吗，是因为看了太多极致的完美无缺却毫无灵动，毫不真实的虚伪吗？

舞蹈完了，随着孩子们娇嫩的声音“妈妈”，纷纷跑到观众席自己母亲身边，做母亲的最受不了孩子那种带着一点成就，怀着一点骄傲，同时又满是撒娇的柔情的呼唤，让多少妈妈怎样的辛劳顿时化作腮边的眼泪流失，甘心为之付出一切。这就是孩童纯真的魅力吧。

这一次，我觉得小孩还真是适合文艺的。但她的对文艺的天分，不是动作的标准，技术的娴熟，是敏锐的情感，体会的深切。小藜注定是早熟的，不知以后在她的人生道路上会有怎样的一番风雨。体会吧，这就是你到这个世上要完成的任务和使命。

没想到接下来还有泼水节活动。哇噻，宽阔的操场，满场乱跑的孩子，我已心身轻灵。没想到，老师提来两大桶的水来，各种水枪、肩背喷水壶，水盆，各种用具都拿来了。孩子们一顿疯抢，再看时就全是头发湿，衣服湿，全身湿透的水人儿。你喷我，我射你。就撒了劲的玩吧，疯吧，你这紧张过后，严肃过后的松弛；你这用不完的孩童的精力你就释放吧，释放完可以重新储蓄，重新盛装更完备的能量，再次上路。

大人也显然受了感染，纷纷上场，参与战斗，玩起来甚至比孩子还疯。是呀，你这一直紧绷，还要强装着做出个样子的戴面具的脸。这时一切丢开，就是玩乐的爽快吧，让我们因着孩子回到童年吧。

我的女儿呀，如何不是你在教我呢？你教我学习的专，玩乐的真。如何不是你在带我体会生活呢？自从有了你，我便没有了无谓的应酬，无目的的瞎聊胡侃，更多的是在感受师生之间，母子之间，亲人之间这本属于人类的最简单又最纯洁的感情。可是我们以工作的繁忙，业务的关系，等等，来掩饰和排斥这本应该最珍惜和保存的醇久弥香的田园之美。

青岛，请把我留下

每次来青岛，都是艳艳的天，蓝蓝的海，唯有这次是雾蒙蒙的阴阴的天。

来时就告诉自己，我是不那么喜欢海的。我珍藏的是湖水，宁静安详的美，没有纷争，只是平和。水边有垂柳相伴，花草铺路，而海因着太博太宽好像周边都容不下别的景致，我也是无法领略的。更不喜欢海的潮和腥，远远的却直逼你的鼻腔和心口。若晚上住在海边更是波涛汹涌，繁闹与嘈杂，远非宁静的湖水可比拟。可这次云雾中的青岛让我就此改变。

这边的朋友都各自做着风格独特的咖啡屋，餐吧和俱乐部。上午约了参观朋友的俱乐部。从海滨路拐过来就到了这家欧式风情的红酒屋。一看女主人就是典型的山东女子，爽朗的性格，人未见，笑声已传来。女主人有山东女子最美的修长笔直白皙的腿，因为工作的关系而修饰得极好的妆容，优雅端庄。见过山东女子的爽朗和悠闲，没想到优雅起来，如此有度；也见过南方女子的优雅，而青岛女子演绎起来如此深刻。

朋友的红酒屋，地下一层是藏酒屋，满满的成柜的各国红酒分门别类地陈列着，室内的恒温系统把温度控制在10度左右。上到一层是装修得极富欧式特色的产品展示区。来自非洲、澳洲、欧洲等不同国家的三十多种酒可谓品类繁多，更有珍藏的拉斐各类名庄酒。二楼是私家法餐区，为主人的内部客人而准备，配有小而周全的厨房，两位大厨师正忙前忙后。他们做得一手好菜，最拿手是法式鹅肝。三楼是顶层，采用欧式建筑特有的斜顶设计，室内空间因为三角形的屋顶而显得别具一格。中间摆着长长的12人餐桌，法式烛台、餐具在屋顶明窗的自然照明下熠熠发着光彩。想着坐在这样的桌前与知心朋友小聚，品品红酒，瞭望大海该是怎样的惬意。

今天是计划着驾船出海的，只是雾大，要等云开雾散时。于是前往帆船中心，沿途尽览青岛的美。以前在晴朗时看青岛，只觉得建筑是美的，色彩是缤纷的，没看出什么特色。如今万物都笼罩在云里才显得一种淋漓的美。高楼是耸立在云端的，看到根基，却没有尽头。车在街头开，人却像在云间游。原本色彩绚丽的建筑若是放在别处定是俗不可耐，可到了这里就是独特的搭配，加上云雾的缭绕，天上地下顿时融为一体。

经过八大关，只见对对新人选择在这双5双6节里结婚拍婚纱照。新娘洁白的婚纱铺满了整个路面，甜甜的笑颜惹来路人多少羡慕的眼光。青岛真是座恋爱的城市，人与景相恋，楼与云相恋，海与天相恋，充满爱意的风景遍布城区。

沿着海滨浴场走，就到了帆船基地。可放眼望去，雾中海天一色，灰蒙蒙一片哪里分得清天空与海水，看来帆船出海是没了希望。朋友看着我们一个个失望的表情，心生怜悯，不由地说开船到附近转转看吧。

我们一阵兴奋。开始只是慢慢地沿着岸边环行，只觉海风伴着雾水在耳边飞过。一会游船的速度加快，风驰电掣般一切由不得我们呼呼驶过。随着速度的加快，我们开始穿越一个又一个波浪，船上的我们犹如坐过山车，忽上忽下，每一次上跃都被高高地抛在空中，跌落时又狠狠地坠入座椅。禁止不住的兴奋让我们狂呼起来，似乎只有这样才能释放跃动的兴奋，海水被我们搅得上下翻滚。朋友更是来了兴致，凭着专业的驾船技术，玩起了翻转侧翻，我们哪见过这种场面，紧张得手足无措，不知该抓住哪个扶手，而在最兴奋刺激的一瞬间，全身酥软、放松到无力，根本也不能抓住任何物品，身子是没了依托了，眼看着要翻入海里，这时船一个转身恢复到平面，我们也算是得救了。

在海里疯狂了一圈，该上岸了。没想到我们一致觉得没够，要继续。任是那专业赛手也没想到这帮女子如此疯狂的。朋友讲刚才是小试一把，这次要更凶猛的，看我们如何受得了。才不怕呢，要的就是彻底的宣泄。我们专挑浪涛迎过去，不知是因为雾水还是海水，我们的头发衣服全部湿透，那也是不顾的。这时一个浪涛过来，我们刚刚赶上，于是海水呼啸着直打在我们的脸上身上，人说的落汤鸡不过如此吧，更甚的是船舱里都灌满了水，船外是海洋，船内成了湖泊。看来朋友是要我们一次爽个透的，以为我们会退缩了。哪知我们就是不让停的，吵闹着还要继续。如果早知道碰到的是一群如此疯野的女子们，朋友是万万不敢下海的吧。朋友担心我们受不了，那知我们是要把今生对海的情谊一次清还了，不再相欠的。

今天，只有在今天我才明了大海的真。海、天、风帆、浪涛，在这里除了你也只有你。以前来青岛似乎是白来的，如今才算是圆满了。因此，青岛也成了夜里梦里回回忆起的一个心愿。

陶醉在艺术的殿堂里，做个随心的凡夫俗子

今日有幸去拜访一个学校。学校就在家附近如果不是朋友介绍都没想过去看看。人往往就是这样，在身边的以为会永远在，可以随手拿了来就不放在心上了。住在一个城市，却总是在别的城市四处游逛，身边的景致却不管不顾，只有等到离去时方知可惜，觉得自己是欠了这个城市的。

今天刚好有学生的成绩汇报演出，我也随着一起走进了剧场，来一堂古典音乐的普及教程。

学生显然是用了功的，因为主题是“维也纳音乐会”，故人物造型都是那时期的典型造型，雍容华贵。整个汇演按时代被分为巴洛克时期、古典主义和浪漫主义时期。一改古典音乐会给人枯燥严肃的印象，主持人用幽默滑稽的行为和语言，以小品和单

口相声的形式生动地介绍了每个时期的音乐特点，并串联起每个节目。

以巴赫为代表的巴洛克时期的音乐旋律极富表现力，规模宏大、雄伟，效果庄重、辉煌，正如那时期的建筑，外形自由、流畅，装饰富丽，雕刻精美，并具有强烈的色彩感，极尽华贵之能事，也是人类技艺的杰出代表。

古典主义时期音乐以莫扎特和贝多芬的作品为代表，音乐的旋律匀称协调，追求尽善尽美的极致。尤其是贝多芬的“月光曲”，节目也是根据我们熟悉的故事来表演的，贝多芬被一个盲人姑娘对音乐的追求感动，随性演奏出这首曲目。整个乐曲开头舒缓幽静，一如明月升起，淡淡的光辉洒下，轻轻地慢慢触摸到山林到河流，到原野到平川，直到我们的心灵。似乎是受到灵动，曲子节奏慢慢加快，月光开始调皮的嬉戏，随着感应一张一弛的追逐，把光影四处投射。最后月光与宇宙万物达到共鸣，和谐的律动，自由奔驰，向着天边更广阔的空间无限延展开去。

到了浪漫主义时期，表现形式就多种多样，更加的随意随性。突出的代表作歌剧“卡门”把节目推到高潮，身穿红裙的姑娘热情奔放，充分表达了美丽绝伦、桀骜不驯、敢爱敢恨的吉普赛姑娘卡门自由的爱情观。卡门心中的爱情是纯粹的，不受任何桎梏和约束的极致的爱。但那样完全自由、完然自我表达的爱在那个时代并不能被人所理解，就是如今又有几人能真正懂呢。更何况是在物欲横流、没有精神依托、人心浮华的今天，这种为自由生又甘愿为自由死的纯粹的爱更值得去推崇和追求。

虽然学生的表演也是稚嫩的，不完善和粗糙的。但是那又何妨，只要他们是认真的，充满激情的。要知道万事万物都有其发展过程，必然慢慢完善。其实看惯了那些名家名作，再看我们身边人的作品反觉得亲切自然，充满了可创造的灵动。

我愿每天活在这灵性的世界里，丢了世俗的琐事。让心中更多的感受些艺术的纯粹的美，被其影响受其感染，真正领会到生命的真谛的人是不论如何也做不出丧尽天良，天理不容的事来。如果不会做事或者还没有想好怎么做事，不如先领略艺术的美，学会做人待物，再做事。

人们已经犯了很多错误。停下手中的事，想一想吧，殊不知你手头正做着的是哪家有问题的奶粉、正盖着的是哪栋缺梁少瓦的楼房、正建的是哪座偷工减料的桥梁。让我们一起放慢脚步，做事前先想一想。

听着洪湖水浪打浪长大的我们，如今湖水只剩下0.3米，要变成放牧的农场吗？刚痛惜这干裂的土地，又听说母校武大“水城泽国”，西湖“水漫金山”，一下雨就成灾。古人世世代代留给我们的万古江山要毁在我们手里吗？家乡的一滴雨，心中的一行泪，家乡水流成河，心中泛滥成灾。我们对自然犯了错，自然以灾难来警示，问题的频发，难道还不能觉醒吗？真要等到死亡的最后宣言吗？

在自然面前我不知做什么，不知要如何保护你，我心中的圣殿。不知怎么做，不如随了心，在艺术的殿堂里遨游，明了心性，了了心愿，先做人再做事。

服装与人的美

周末，一个女朋友让我到她家。因为要出差到国外，让我帮她设计几套出差期间要穿的衣服。我一向喜欢看美丽的女人穿美丽的衣服，自然欣然前往。

她这次去是参加商务会议外加酒会。我给她选了一件修长的窄肩带长裙，配一件短款上衣。这样可以会议时穿，会议完毕脱去外套就是酒会的绝佳着装。对于第二天的小型聚会我给她选了一件简约的小礼服裙，设计简单，只在领部有小的装饰性图案，穿着时显得轻松自然。

认真的女人是美的，看着她在镜前比比照照，真是一种享受。我以为没有人是丑陋的，问题是要了解自己，再选择合适的着装，就一定会展现自己独特的气质。所以善待自己，珍爱自己的身体，呵护她，装扮她，成为这世上独一无二的你。

正如那些明星，不谈论她们的为人或是演技，纯粹是被她们那种为了美，为了时时保持外形的完美而付出的时间和努力而打动。就如萧蔷，一直努力地让自己美了那么多年，虽不是美得令人惊心动魄，但也叫人心服口服。

说到人的美，就不得不说人的外形特征。从脸型上可分为圆形和方形，介于两者之间的就不多说了。近易反之，远易亲之。这是我对两种关系的理解，对于服装一样适用。

圆脸的人在服装选择上，领口设计适合直线条。脸型与领口最近，应该相互反衬，以领口修饰脸部特征。如果脸较短小则适合长口V字领，较长的脸适合一字型，直角翻领口。衣服的下摆和裙型设计就要适合圆形脸的弧度曲线，不能太直，不然就反映不出圆形脸人柔和、亲切的性格特征。可能有人会觉得小孩多为圆脸，而服装也多为圆润造型，那是突出了小孩的单纯可爱。一般整体大面积的圆形，给人的印象就是简单可爱。所以现在很多少女为了表现自己的甜美而选择圆形装饰。

而方形脸的人就反之了。因为脸部的直线条，易选择弧线形的领口，修饰自己的锋利和强势特征，而整体服装下摆适合直线条。

人的体型也分为圆形体和方形体。区分的标准可以根据腰部特点，在阴影下看自己是H型还是X型。还有一个方法是有人看起来较丰韵，其实穿衣的号码较小，这是因为这种人的身体成圆形，前后较厚。而方形体是前后薄，身体的平度宽。圆形体适合版型精致修身的服装，很能穿出得体的性格感。而方形体的人适合裁剪修长，简洁流畅的服饰，能展示出服装的风格美。

不同的人，有不同的美，关键是怎么挑选，怎样装扮，用心才能体现美感。而看的人也需要有一双懂美的眼睛。

女人的风格造型（一）

女人的不同

女人的美是千差万别，各不相同的。先不说东西方女子的不同，就单单看亚洲女子，我们熟悉的中国、日本和韩国人都有很多不同之处。出行多了，每次在机场，目光所及之处，哪位是日本人，哪位是韩国人，中国人，都能分清。

韩国女性，大多是生感或优雅路线，穿衣突出身形或雅致风格，色彩也较淡雅；日本女性比较清纯可爱；而中国女性大多比较随意，服装造型也差别很大。这种不同首先是和当地的自然环境和文化差异有关的，其次是因为每个人的性格和文化修养差别不同而不同。

我们看一下这几个亚洲国家的民族服饰，就能看出其特点。

韩国民族服饰的特点是；短上衣色彩艳丽，蓬蓬的大长裙盖住整个身肢。突出的就是一张脸，沿袭到现在我们也看出，韩国人对女人脸部要求极高。在这种服装的造型下，身材只要不胖，都不会显得丑，但是脸部的五官要极端正才显得美。所以当代韩国女性的整容大都围绕着脸部各个器官，修饰得尽善尽美，看起来也大都一样。因为他们流行什么，基本上大家一窝蜂都参考这些，所以优雅完美之余却总有点遗憾，没有个性。

日本女性民族服装的特点是：突出女人性感的颈部。而腰部宽宽的腰封，不仅是整体服装图案的一个切口破点，成为高雅优美服装布料的搭配和点缀，还收紧了腰身突出胸部线条。从身材上来说，日本人很看重胸部的美，现代整形手术做胸部的也比较多。和韩国服饰相同的是，整个服装遮住了下肢，所以对女性腿部的美忽略不计了。

在亚洲女性中，我觉得相对来说，中国女性的身材应该是最好的。然而说到民族服饰，中国因其历史悠久，在各朝代，各民族的服装都不同。正如我们说韩国民族服装是由汉代女性服饰改良而来，日本和服跟隋唐服饰相仿。而中国通常我们提到最多的中式服装是旗袍，旗袍也是最能突出中国女性的身材特点的。婀娜的身段，玲珑的曲线，特别是侧开衩旗袍含蓄地展示了女性腿部线条。韩国女性普遍腰身长，日本女性腿部曲线又不够直，中国女性大部分腰短腿长，旗袍就很好地突出了这个特点，特别是随着走动，显现的腿部给人无限美感。

所以不同的女性都有不一样的特点，从文化到饮食及生活习惯的不同，女性的身材特点也全然不同。不过虽然特征不同，但女性的风格在不断成长过程中形成，具有了自己的风格特征，才会显出自己独特的美。

女人的风格造型（二）

风格类别

女人既有外形物态的美，也有内在气韵精神之美，两者合一，形成内外风格的美，就美得淋漓尽致，无所不包了。

可往往女人看不到自己的美。年轻时借着外形的美，忽略了内在的修缮。等年纪大了，有一定的人生阅历时，却又觉得年华已逝，不再修饰外形的美。我以为27岁后有了一定历练的成熟女性才是真正的美，正如很多法国人觉得女人35岁后美丽才达到极致。

Coco Chanel曾说过：“时尚终会过去，只有风格永存。”细划分来，风格可分为以下几种：自然型、优雅型、古典型、浪漫型、戏剧型。

自然型的人给人带来一股清新自然的感觉，是名副其实的自然样子。不摆架子、亲切，给人活泼自由的形像，有时就像邻家女孩。现在市场流行的品牌有很多自然性的服装，如江南布衣等纯自然的面料是为此类人专门打造。代表人物：林青霞。代表花束：天生丽质的山茶花。

优雅型：是妩媚的代名词。这种风格女性从外形到内在都极具吸引力。但处理不好，会让人产生一种高高在上，不好接近的感觉。代表人物：林黛玉。代表花束：忧郁芬芳的丁香。

古典型：是富有个性的女人，有魅力。看起来温柔但骨子里非常有魄力。装扮上适合精致考究的装饰，突出自己的性格魅力。代表人物：奥黛莉·赫本。代表花束：纯洁高贵的百合。

浪漫型：浪漫突出的就是随性和感性。外形上更是玲珑有致，S曲线极富美感。性格上往往较感性。富有女人味，柔美，谦逊，让人喜爱。代表人物: 玛丽莲·梦露。代表花束：热情浪漫的玫瑰。

戏剧型：耀眼、夸张、极端是这类型人的特点。从外形到内在都给人不温柔，十分倔强的感觉。着装上也特立独行，服装若能突出性格会有一种无法超越的美感。代表人物：索菲亚·罗兰。代表花束：热烈奔放的大理花。

女人若能很好地认识自己，发现自己的特点，从内外修饰突出自己的长处，规避短处，自然就会活出自信，展现出自己独特的美丽人生。

女人的风格造型（三）

风格形成

一个女人找到自己的位置，成就自己的风格，是一件辉煌的事。从形式上来说是你人生的一个坐标。

我们就来看看，风格的形成前后会有怎样的变化。

希拉里风格形成前后差异：大学时代带着眼镜披散着长卷发，到如今驰骋政坛干练的女强人，头发修饰成简约的短发，露出耳根，妆容精致。先从形象上就看出一种专业可信任来。

张曼玉风格形成前后差异：起初人们认识的张曼玉只是一位形像姣好的青春女子，随着岁月的雕琢，形成了自己的穿衣处事风格，演变成一颗镶钻的宝石。

杨澜风格形成前后差异：一路走来，从浪漫飘逸的长发女子到妆颜完美、衣着考究的时尚人士；从略带羞涩的主持人到具有大家风范的商界才女，杨澜用自己的行为来演绎女子的风格定型。

你看出她们的蜕变了吗？她们是如何变化的呢？可能你也会有你的看法，不过没有关系。这里我会一一的与你分享。你同意也罢不同意也罢，我只给你参考，只给你我所拥有，所知道的一切。

在以后的时间里，我会慢慢地针对各种不同风格女性，再根据脸型和身形在色彩选择、化妆、服装款式、发型、配饰到最后依据不同场合下的装扮，及你的私家衣橱做全面的设计和分类。你愿随了我一起来分享女人的这一份美吗？

这对你来说是个挑战吧？于我又何尝不是个课题呢？ 我不是在给你设计，这是我们在共同进步。我们一起学习吧，没有什么领域是有止境的。

只是，这里还要提醒你。上面的功课只是外形的美，你是否也注意了，她们的美也体现了岁月的积累、学习的积累、见识的积累、意念的积累。在学习外在美的时候万万不能丢的是内心的充盈和丰盛。我不知你的累积是什么，但我会把我感知的一一呈现在你的面前，随你得了去。我的好就是你的好。

第四篇

心灵的感悟

喜与悲

朋友，你看到我的悲伤了吧。不必惊慌，我的朋友，更不必为我难过。我的悲只停在今天在当下。没有昨天也没有明天，只是今天的感悟。那是沉淀、积累、丰盛，为了成就下一个今天。我伤得如此痛彻，只因我体会得深刻。

朋友，你看到我喜形于色了吧。不必惊异，更无须责怨。我从不把自己的情感来掩饰。我的喜只会在今天在当下。这不能代表我的昨天，也说明不了明天，只为当下活得精彩。而每一个精彩串成完整的一生。我如此喜乐，只因我体会得深刻。

生活，你给予我什么，我都全然接受。我满心感激，是你让我明白：什么是荣辱得失，什么是相聚别离，什么是欢喜心酸，什么是爱恋愁苦。我如此感激，只因我体会得深刻。

岁月的美

一早朋友让我看看钟楚红的近照。说一个年过半百的女人，充满活力，歇业多年，女性魅力依然十足。

我以为这样的女子是真的美，是活出了生命的本质的美。

女人不同时期有不同的美：儿时的天真，少年的纯真，成年的成熟，中年的风韵，晚年的安逸。往往人们总是渴望得不到的东西。儿少时渴望成熟，中年时渴望单纯，老年时渴望青春。哪知当下的你是最美的。

人的一生是一步步走过来的，每一个阶段都自成一体。

大自然以他的神功赋予我们每个时期应有的特征：婴孩时，我们没有自理能力，需要大人的照料。于是大自然给了我们一个娇小玲珑的身体，一切都那么迷你可爱，见着的人都不忍心放下，生出一份疼惜的心，爱着宠着。

少年时我们的声音发生变化，身体更多了性别特征的分化，这时需要所有人对我们的关注，我们即将为成人，形成属于自己的世界观、人生观。请辅助我们选择前面的道路，定型我们的风格。

中年时当额头爬上第一条皱纹时，这是经历开始做记录了。我们有了值得保留的思想，值得借鉴的学识，也有了肩负的使命，需要好好去完成。我们是孩子的母亲或是丈夫的内助，家庭的幸福和安定把控在我们的指尖，躁动的心会让一切变质。

老年时少了东奔西走。当坐在躺椅上，可以从容地笑看人生，曾经的争斗如今看来是一场闹剧。生活其实简单得就像一杯水，可以饮用，可以灌溉；可以是雨，可以是冰；可以是海，可以是湖；可以波涛汹涌，可以风平浪静；可以放入瓶，可以下入地。哪有那么多的形式，哪有那么多的要求，怎么过都是精彩的一生，怎么过都是你的一生，别人怎么抢得去呀。看重的只是这水是好的要善加利用，还是坏的作为污水需要处理，人的本性是最重要的。

每个人在不同的阶段度过的时间长短或许不同，但都是必须经历的。因为一些人或事，可能有的阶段你停留的时间过长。没有关系，慢慢成长吧，当你积累到一定的程度就会有质的飞跃，就会突破你原有的瓶颈，上升到一个新的阶段。处在一个更高的山峰看脚下的风景你的感受会全然不同。如果有一天你站在人生的最高峰时，发现一切尽在掌控，任飞多远只是一指的距离，从容淡定就是你获得的心智。

面对生活，绽放最自信的笑吧，这一刻你是最美的。

生命重塑

都说大学和婚姻是人生的转折点，需要好好把握。诚然，这些是基础，大学时代是人生规划的起点，婚姻是你选择的一种生活方式。而我以为，人生的每一步都需好好把握，每一秒，每一次相逢，每一个决定都会是你生活的又一个转折点。

一直觉得今年工作会有一个大的调整。我筹备了好久，似乎看清了方向，又觉得需要一个突破口，直到今天的会谈。相约是上个月的事了，却总是后延，是因为好事总需要时间的延展吧。

没想到，相谈甚欢，兴趣相投。似乎相互都在等待对方，差的就是对方的资源。不需要过多的沟通，一句话就是我们的合作点。剩下的，只是细节的确定与方式的挑选。我惊诧于过程发生得如此顺利和迅速。原来事情的好就是在正确的时间，正确的地方与正确的人做正确的决定。不早也不晚，不偏也不倚。

神啦，我知道，我等待什么，你都给我。我要一份喜欢的事业，我渴望你就给了我。

晚上，慕名去听一个高级催眠与潜能开发课程。在去的路上神告诉我会有收获，因为我的心在被他牵引，他引导我发觉本我。

来到课堂，幽静的环境，悠悠檀香，潺潺水流，我心静谧。开始就是简单的说明与引导，最后是展开冥想。随着老师的话语我的思想意识靠近你，我做了平时做不到的反应。我的嘴角受到牵引，绽开了止不住的微笑，在冥想中我遇见你，你指引我，欣喜地看着我随着你，正走向你铺好的幸福通道。那止不住的笑，直到双手像磁铁一样被吸到脸部，我彻底松弛，陶醉在你刻画的意境里，充满了幸福。一瞬间，我笑出了声，抖动起了双肩，而眼角溢不住的是幸福的泪花。

我的神，你让我的生活如此丰盈和满足。每天都是新开始，每秒都有那么多的感悟和充盈。

我的神，我知道，我们周遭的一切都是我们的思想。心里是什么，什么就出现。身边的苦与痛，是心理问题的反映；经历的顺与畅，是健康心态的投射。

我的神，感谢你。你对我如此眷顾，我的祈求，你都一一满足。你给予我健康和富足，赋予我激情与力量。我要童年，你给了我一片纯真；我要少年，你给了我懵懂与痴情；我要成熟，你给了我温暖和富足。我要什么，你都给。

我的神，我越来越看到你的真。我知道你赋予我此生的使命，我正走向你，想到你我满心欢喜，梦里也盈盈地笑出声来。

心灵向导

雨从中午起，就一直下个不停，下雨的夜晚是静谧柔情的，这在北京是少有的。也注定是在这样的晚上，我要遇见您的吧。是期待许久，强烈的能量场，让您感应而来的吧。

人说，“读万卷书不如行万里路，行万里路不如阅人无数，阅人无数不如名师指路。”要求自己多看，多读，多思。但心灵的导师，我该是何时能遇见呀。

一直是活在自己小小的世界里。从懵懵懂懂到如今的困惑，只是遇见您，方解开人生的疑惑。记得儿时放学的路途上，经常一人独自思索，为什么会有我，我又为何会出生在这个地方，这个时代。不早也不晚，不富裕也不贫穷，有的只是一个普通家庭的简单生活，是这样平凡简单的我。

我的灵选择我这样一个简单的身体。因着平凡所以执着，所以坚持，一种野草钻透乱石，挺身而立的生命张力；一种没有选择，不得不因着环境不断调整自我的适应能力。

我明白，为什么总是在生命选择的十字路口，会不自觉地挑选那艰难的一条；为什么一时的懈怠，会整夜自责，无法安睡。在经历苦痛和磨难时，告诉自己，暴风雨你来得更猛烈些吧，我将更加茁壮。这是怎样的一颗不甘屈服的心？

我明白，为什么生活会如此飘零，为何有一颗如此不安分的心，不停地游走，不停地辗转。这是因着要经历的那些人那些事呀。在这个世上，注定还有许多未了的心愿，是前生欠的，要一一还了的呀。

我明白，我是肩负着使命的呀，一个不能经受苦难的身体何堪责任；我明白，这是在强化身与心，再智的灵魂也需要肉身的承载呀；我明白，生命中遇到的这人或那人，给我支持或考验，是在顺境或逆境中让我丰盛呀。

我明白，那一直不敢提起，又深埋在心底的一个情，别了二十年也没能回的家，原来是我的起点，我的发源地。不是不回，是时机没到。这里是我的灵源，我从这里开始了心灵的旅程。想来十年前在巴黎居住时，我算是逃回来的，听不懂他们的话语，害怕他们的灵性。原来他们那时就在寻找同类，同族，活在灵里，我这是十年后的开悟呀。我的心灵导师，虽然晚了十年，还是来得及的吧。

我明白，在经历了三十六载的沉浮，如今是要破壳，该是到了遇见智的时候了吧。

我明白，从此该离开单纯身体的生活，是要活在灵性里随着你的吧。

珍爱自己

5月25日，网络上的爱己日，珍爱自己。很有幸在这样特殊的日子里，终于和好友一起，要赶赴一个等了半年的约会。

与好友颜见面时，好友身边还有一位女子，也因这位女子才有这次的约会，是她要带我们去拜访一位师傅的。一见到这位女子，我心中不免惊呼，这世上还真有这样的女子，是从戴望舒的雨巷里走出的，那位有着丁香一样的芬芳，又有着丁香一样幽怨的姑娘吗？

女子名叫云，应该也只有这样的名字是配她的吧。她有着浓密细致的黑发，顺顺的贴在耳边。而一双眼睛清澈又凹陷在眼眶里，让人一时又看不清这到底是多深的潭水。这样的女子应该是被捧在手心里的。听朋友说，她刚刚结婚，老公是大学时的同学。求婚那天老公约了她在一个草坪见面，却装作来迟。在云焦急的时候，突然面前展开了一幅长长的画卷，足有1314厘米。随着画面的展开，前面记录着两人一路走来的点点滴滴，一起的照片铺得这里那里，中间是老公写的一封封情书，最后有两人紧紧牵着的手，要相拥着共同走完这余生。听着像是在童话故事里，我们的心充满了希冀，以为女子此生如果没有这种浪漫的场景是不能随便把自己嫁了的。而她们的婚礼更是在老公热泪盈眶的誓言中感人度过。

这样的一位神仙似的妹妹，这样的被人宠着，怎么会有愁苦呢？为什么眉眼中总有那抹不去的愁云呢？而我的朋友则更像是位侠肝义胆的妹妹。性格大大咧咧，一副侠胆柔情的样子似乎随时要为了朋友而两肋插刀。前段时间潇洒的颜还剃光了发，那时的她看起来怎么看也像是位得道高僧。而如今发也只是长到耳根。她对朋友极其的好，考虑问题又极其的周全，这样一位不顾自己照顾别人的乐天派又有怎样的烦忧呢?

我们要开了车出了城，到一座稍微偏远的山上。进了山，就都是石子路了。只好下车步行，踏着细密的石子，闻着树木的清香，迎面的山风轻抚过脸颊，一切旅途的疲劳就都散了。

顺着弯弯曲曲的溪水，随着上行沿路的标牌善言，我们到了目的地——师傅的禅村。虔诚地进了师傅的正间，心怀敬意和谦逊。师傅云游四海，谈起话来，自然海阔天空，一一解答着这人间自生的惑。

师傅一眼看出，朋友是脾气极躁的人。不是对别人躁，是对自己苛刻急躁，把所有的过错都揽到自己身上，为别人承担所有的错。

而云儿，这神仙一样的妹妹，因为是长女，独自地承担了家庭的责，是任由着身心疲惫的。如今虽说有了照顾的人，也是不习惯的。只是惯于操持，把控本不需的任务，凭空又多了几分苦恼。

朋友呀，你们都是如此的善，善得看不清自己的位置。你们又是如此的义，义得只肩负别人的错。只是，你们自己又在哪里呢？没有了自己，没有善待好自己，如何让心灵回家？没有了家，如何让关心你的人心生平静呢？

朋友呀，你是否从今天做起，少喝一杯酒，少抽一支烟，少加一次班，少熬一次夜。你的心灵是不喜欢如此的。为了心灵的喜乐而喜乐吧。

爱己日，我没有别的，只能把这个送给你，我的朋友。

如果人生可以重来

这几天，天一直阴阴的，见不着太阳，不时还下起大雨。家里的被褥都隐隐有种雨天的潮潮的湿气，像极了家乡的梅雨季节。因着屋内阴暗的光线，恍惚中竟不知自己身处何方了。

突然朋友来电，是十年前一起学摄影的朋友。只是朋友情绪低落，絮絮叨叨讲着生活怎么的不顺，老天怎样的不公，以她的才华，本应该有怎样的了得，她却为了老公牺牲了这些那些。而我们一起学摄影的朋友谁又当了哪家知名报纸的著名记者，谁又是摄影家协会响当当的会员。

说起这个摄影班，还真是十年前的事。那时刚从韩国回来，因为年轻对什么都感到新鲜，在韩国时就报了一堆的课程，什么潜水，什么滑翔，生怕年轻的生命被世界遗忘，要狠狠把什么都学了来。摄影也是那时感兴趣的课程，可因为回国课程中断了，于是参加了北影举办的这个摄影学习班。

当时还是初期，我们那时是第二届，班里二三十名学员，到如今都不知该有多少千千万的学子了。班里的学员都是从全国各地来的，怀着一颗赤诚的心和对摄影的执著的追求，所以都非常的用心。同学之间的关系也简单、热情，一起到五棵松购买各种摄影器材，一起外出写生，又相互做了模特，拍人物拍心情，忙得好不充实，彼此之间也结下了浓厚的友谊。而我，似乎兴趣多了，学得多了，反而什么都没有用心。同学一个个都专业知识强，走上了摄影的道路，自己却不知把学到的那一点点知识又丢到人生旅途的哪个角落，只成了茶余饭后的一个谈资，想来如此的惭愧。

朋友就是在那期间认识了自己的老公。如今，老公功成名就，而朋友自己人老珠黄，事业也放弃了，茫然间有了万种失落。现在怎样也要重来一生，也一定要择了别的路风风光光地过一次。

听着朋友的诉说，恍惚间我似乎也重新选择了我的人生。

当年我也如同学般好好学了摄影，参加了其后的摄影沙龙，到处采风，理论和实践两不误。也因此在摄影界干得红红火火，成为一名小有名气的记者，于是每天到处拜访形形色色的各类人物。终于有一天碰到一位不大不小的人物，一下子就被他的才情所迷倒，以我的性格必定疯疯地粘着他，痴痴地候着他。某一日，他终于禁不住我对他的万般崇拜而晕晕地把我娶进了家门。于是我每天东奔西跑，他做了他的小小的大人物，有空时，也必定花前月下，谈古论今，好不逍遥……

想着想着，我全然的沉醉了，醉在自己的梦境里了，一时竟不愿出来。

当初在欧洲的那几年，我没有四处流浪，在法国南方的小镇有一个居涯临海的家。一日择了家精美的欧式教堂穿着洁白的婚纱，与相识几年多情的法国小伙，一起走进了神圣的婚礼殿堂。而今也有两三个孩童围绕在裙边，妈咪妈咪不停地叫嚷，好不甜蜜……

当年在家乡的岁月里，我没有走出去上大学，草草地选了一家技术学校学了点本事，就择了个单位上了班。如此，便与我青梅竹马一起上学放学玩在一处的同学有了一个属于自己的小小的家，每天朝九晚五地上班下班，晚上在家为他清洗一日落满灰尘的衣物。而我必学得一手好厨艺，川菜鲁菜样样精通，把我的他养得白白又胖胖，好不温情……

而今，这些都不存在。只有我与女儿在一个北方的城市相依着生活，做着自己最喜欢的工作。虽然也有孤单寂寥时，但温馨真切；虽然也难免有淡淡的惆怅，但两人有无间的亲情。还可能随时邂逅一段美丽的爱情，谈一场或轰轰烈烈或宁静如水的爱恋，一切都是期待。现在的生活快乐简单，好不自在……

朋友，你让我选了哪一种人生来过活呢？每一幅场景都有它的美，但也有别人不知的隐隐的痛，这就是人生。

此生，只能选一种方式来过，而哪一种我也割舍不下。于是，我不再选择，我的选择就是活在当下，充分享受已有的幸福。怎样都是一种人生，怎样都有酸甜苦辣，我只保留我心中最渴望的当下，宁静安详。

我选择了当下的生活，我把我的各种梦境的生活给了周边认识或者不认识的朋友。他们执行着我的梦想，或逍遥或甜蜜或温情或自在。而我的生活也是朋友们的梦想，他们托付给我，我要好好地过。因为此生只有一种选择。

朋友，请珍惜我们已做的选择，认真对待就好。要知道，你现在的生活不只是为你自己，也为了别人的一场如果可以重来的人生而过。

仙子与凡人

你是高高在上的仙子，活在天境，无忧无虑，你是天仙。

我是滚滚红尘的凡人，活在尘世，七情六欲，只是俗人。

那次你下得人间，带来了天境的消息。你说人世的烦恼，本是自发，自作又自受。如果我愿丢了凡心，弃了俗愿，你便带我进入人间天堂。

我心悸动，筹措几日。携了荣誉，又带牵绊；挎上寄望，又拖负累，割舍不下的还有地位。

你说："这样不行，也不必。在我那里什么都有。我只要你一颗真心，感悟的心。"

我如何能放下呢？我是活在这其中的呀，没了如许，还有我吗？

“你就是你自己，别的什么都不是，快放下多余来把我追随，我就是终极的你。”仙子解释。

仙子，如何我才能觉悟如你。终有一天，会随着你，天涯海角，永远相伴相随，再不分离。

我的舞蹈世界

今天是放了大假了，什么也没做。哈哈，超级的爽。

晚上要去会所练舞。自办了会员卡再也没有好好来运动。其实会所里的项目大多是我喜欢的。但我是断然不会在跑步机上运动的。这样的有氧运动，不是在小区公园优美的环境里，闻着刚割完青草的芬芳，欣赏花开朵朵的娇艳，而在一个封闭的房间里不停地步行或走动，多少是件可笑的事。而我也不会选择在健身器材上做局部锻炼的。我以为如果不是男子，女子又不是运动员，只是一般的女性最好不要选择那样硬硬的机器，想着那样柔弱娇美的女子坐在沉重硬朗的器械上反复地操练都觉得是一种罪过。一般的女子要选择的运动，应该以那优美、有艺术感，而且灵动的方式，而各类舞蹈应该就是女子们最好的选择。

我喜欢的项目就是各种舞蹈。拉丁舞，激情奔放；古典舞，优美含蓄；各类瑜伽，更是修炼身心的好方法；还有踏板舞肚皮舞，对锻炼体型及身体的灵活性极好。古典舞老师更是喜欢我，还把自己以前的作品和著名的舞蹈片断拷制成盘送给我，以便在家也可以练习。

我是最喜欢古典舞的，这种舞也是最适合中国人的。就像中国的古诗词一样，字字是感觉，句句是意境，翻译成别的语言就索然少味了。而古典舞本身真像是为诗词编排的，每个身段起份、每次手脚的舞动，都是带着情，婉转回旋的。而要跳好古典舞，最重要的是基本功，古典舞对身体的柔韧性要求极高，动作幅度大，还要精准到位，不像现代舞那么随意。还有一个我觉得很重要的是对文化修养和个人素质的要求，只有对舞蹈本身及歌词涵义有很好的体会，才可能用身体及表情传达出字句之外深刻的意境的。所以跳得好的古典舞者，会让观众达到心灵的震撼，感动得落泪也不自知的。

今天的课程是拉丁舞。大学时代有一段时间我极爱拉丁，还跟了体育学院的同学一起编排演出过。每当舞曲一响，全身的每个细胞都仿佛苏醒了过来，毛孔都微微张着，应着强烈的舞曲节奏独自舞了起来。那欢快流畅的音符，时而像千军万马奔腾过来，我必勒紧缰绳方可不让自己倒下；时而又像有各路敌军冲了过来，我必在队友的掩护下，左顾右盼躲过枪林弹雨才会安全；有时又像狂风呼啸而过，我必甩起我的长发，迎风招展才显出我的妩媚和自信。

我爱这灵动的世界，爱这充满活力的舞动的精灵。

运动的感悟

今日会所的项目是草裙舞，虽说也看过，但真是从没有接触过，所以刚开始时总有点别扭，跳不出老师的那种味道。一赌气，干脆停下来，站在一旁观看。

看了一会，似乎得了感觉，再上来跳时便迎合了节奏随性舞了起来。其实我只是不要自己因为跳而跳，放了轻松，陶醉在音乐里，让身体自己舞动。

舞蹈是人们在日常活动中总结提炼而出的，是身体最和谐的运动。若强硬地使着劲的动，那不是舞蹈，是搬运工。让身体处于自然放松的状态，听着音乐，你会发现，身体会随着律动，舞出你要的节奏。特别是草裙舞，动作的关键是胯部，每一个动作都伴随着胯部各方位的运送，或前后，或左右，或旁侧，因着胯部的动自然带动腰肢的扭动，女性的无限妩媚就在其中了。再加上胸部的收颔和外阔，手腕带动手臂，全身呈一个方位地柔柔摆动，似海底的水草，若岸边的扶柳，在碧波里荡漾，女人的委婉和妩媚是到了极致的。

等舞到浑身发热时，再跳入泳池畅快淋漓地游一次，让每一寸肌肤与水流亲密接触，感受水的温柔与细腻。因着跳舞的感触，这次我也尽量让身体平静，轻松地游。果然速度反而提高，游起来更顺畅。

游过300米再向500米进军。每到一个关口就是一个瓶颈，在想偷懒放弃时，只要坚持住，就又是一个突破。就像人生的一个个路口，若真的硬撑了过来，猛然发现这里又是一片风景，站得更高了，而以前所谓的艰难也只不过如此，往后的路再出发就是站在更高的一个起步点了。

正如前两天的夜游泰山。若不是因为友人的倡导，我定不会在这酷热的天，走进山的怀抱，更不会在夜里要摸索着前行，赶着要看那日出的一瞬间的辉煌。

三个女子夜里出发，定要从山脚走到山顶，要一步一步地向上攀登。中间不知有多少艰难，夜里的困乏、山风的凌厉、手脚并用的可笑、支撑不住的疲惫、迈不动无力的双腿。但每每在这时相互鼓励，为了心中的一个梦想，得见山里日出的美，我们必要坚持住的。可能也是因为在夜里，只看得到脚下的那一级阶梯，也只专注脚下的那一级阶梯，一步一步前行，才能登上遥远的彼岸。若抬头就见望不到边的石阶，该如何迈出脚下的那一步。

真正到了山顶，又要忍受在那么冰冷的石头上等待日出，我们相依偎着取暖。可就在日出的那一瞬间，整夜周身的疲劳似乎都没了，只有梦想成真的快乐，那份畅快淋漓无法比拟。

可能这日的日出并不是想像的那样光彩夺目，金碧辉煌，可是因着这份执著，我们赋予了日出最新的含义——全然的新生的力量。也因着这夜的行程，让我们成为生死之交，不舍不弃的姊妹。

读书乐

父亲向来是有些脾气的，只是近日觉得平和了很多。虽也对周遭的国事家事愤愤不平，抒发感慨，但语气中多了一份理解后的包容。

今日，与父亲闲聊，才得知父亲最近每晚参加一个读书社活动，非常有意义，周围的邻居都去的，建议我也听听。本来最近手头工作较多，一时抽不开身，但对父亲的改变也是好奇，倒是想去看看。

晚上，按照父亲说的时间来到家附近的这个国学读书社。真没想到家附近有个这么清雅的地方，这边最近开了一家家类似798的个性会馆。这个读书会就位于一个小型的会馆二楼。一进门就看见门口摆着的国学书籍，《弟子规》、《老子》的书一本本小册子，是免费赠送的。屋内是高高大大的书架，全是国学书。管理人员介绍说，这里的书都可以免费阅读的。

二楼就是简单而古朴的茶座，中式高背椅和方桌供来人倚坐。我们一家来得早，小小的读书会现在只有我们一家人。

活动有两个工作人员，一位负责现场安排放置投影，一位负责主持。准备停当后，活动正式开始。读书会第一步就是大家站立给孔子行礼。我们一家人都心怀敬意地对着投影仪孔子的画像深深地鞠躬，小藜在现场气氛的感染下也异常懂事，随着大人弯腰行礼。

我们现在人见面大都以握手表达，还握得极没诚意。不知是不好意思，还是嫌别人手脏，远远的距离只是捏一下手指头部位。连个握手都做不会。记得我1995年初到韩国时，学的第一课就是行礼。对长辈一定行大礼，要弯腰到什么程度，要低头到什么感觉，都是有尺度的。如果只是平辈朋友，就是淡淡的弯腰点头，加上随和的面部表情，人与人之间就很容易拉近距离。

行礼。被行礼的人，因为被尊重必要检点自己的行为，要有个样子的；施礼的人因为一低头一弯腰就要放下骄傲的心，必要心怀敬意敞开心扉接受对方。试想想，满大街见面的人都在行礼和满大街人都指指点点，破口大骂是何等的不同。当年因在韩国待得久了，回国与人分手时，忘记身处何地，有时难免习惯性地鞠躬行礼，竟被国人笑了去。

今天的课程是《弟子规》，接下来是大家一起诵读《弟子规》篇章时间。我们端坐，手持书本，大声朗读起来。“道人善 即是善 人知之 愈思勉　扬人恶 即是恶 疾之甚 祸且作”多么有哲理的思想，多么崇高的心念。只是现代人做到并不易。并不长的几页纸，三字一句，朗朗上口，却包含了人一生的全部，言行举止。只有行为规范做好了，才有资格有“余力学文”。可见古人对人思想品行的看重。现在我们是否颠倒了呢？这颠倒了的乾坤，结果会是怎样的呢？

而现在我们一家人，父母，我与孩子，三代人，跨越半个多世纪的年龄差异，规规矩矩坐在桌旁，认真地诵读着千年前古人的圣言，于我是怎样的一种说不出的异样的感动。这种场景是从来没有过的，我敢说我们家族也从没有过的。如果我们家有吉尼斯世界纪录的话，这个可以录入；如果我们家有家史册的话，这个可以记载。一家三代在同一个学堂端坐，诵读弟子规。我已然是要泪流了。

下一步就是老师简介和课程讲解，周围的邻居也来了，纷纷落座。老师的经历也颇为传奇。自己是美国著名大学的金融高才生，被美国和澳洲几所大学以百万年薪请为教授，而他竟然放弃，被母亲毅然地带到香港拜师学习儒释道。母亲在拜师会上的言语更是警人：我以为当下不是缺少学金融的才子，缺的是明心了性的大觉悟家。从此我们是要活在觉悟里的。多么伟大的母亲，多么崇高的决定，从此要放弃优越的物质生活，走上一条艰辛的道路，但老师说这样做不后悔，是最正确的选择。

课毕，知道这是一家文化平台推出的国学读书会，让城市的人静心。静心，是呀静了心，方能明，明大事，明小理，明自己，明他人。知道自己是谁，真正要的是什么，追心而去。他们已经在很多城市推广开来，北京已经有两家。真幸运这家就在我身边，随时可以来；真幸运有越来越多的人士关注国学，关注内心的静养。

我牵着小孩的手回家，学堂与我家只有一条马路的间隔。同样的马路，今晚的月光显得那样温柔，月光下的行人行动那样轻柔，像怕打破这夜的精谧。而我和小孩心情舒畅，满心欢喜，这几日的阴霾也在柔美的光华里飘散开去。

美的赏析

有着对这个宇宙广博的、无限能量的爱。爱着我爱的，爱着爱我的。万物因美而生，因美而融合爱恋。

看着你牙牙学语，蹒跚举步。一个甜甜的笑容，一次呼天喊地的痛哭，你总是那么强烈要表达自我，总怕世界把你遗忘。我疼爱着，知道你在这个世间的位置。

翻看着朋友的日志，一篇篇字里行间满是情谊，淡淡的惆怅，浓浓的相思，密密的愁怨。独自落寞，独自凄清。我心爱着，领略这份孤寂的美艳。

听着身边朋友的故事，个个感人至深。撕心裂肺的伤痛，不顾一切的爱恋，超脱万物的执着。只要是真挚的，总是那么打动人。我怜爱着，懂得生命的可贵在于真实体会。

期盼着一场瓢泼的大雨，想像着在雨中疯狂奔跑的浓烈；盼望着一次跋涉千里的行程，路途上有你有我并肩前行，只为经历一场生命的洗礼，要感受最强烈的爱恨离愁。

为什么一次次来得轰轰烈烈，又波澜壮阔。不是要这形式的刺激，只为感受风平浪静后静谧的美。

因为热烈过，才更明白平淡的真实；
因为痛苦过，才更体会平静的甜蜜；
因为爱恋过，才更感受孤独的艳丽；
因为认真过，才更清楚生命的真谛。

欣赏这万物和谐的美，只是因为存在，因为是你，就是一种美。

而对于美就不能太执着，平静地放下，随缘，就如美丽的花，只能静静地赏析，不可攀折在手。这样，如何不含在嘴里会化开，放在手心会破碎，揣在心窝也会高飞。

要最本真的美，你就是你，完整生命力的你。
只是远远地看着，欣赏着，从此不再故意执着。

心中最温柔的那一块

这些天一直下雨，北京很少这样。昨晚又下个不停，还一阵紧似一阵，到了清晨方罢。

早上呼吸着被冲洗过的最清新的空气。这空气似乎是被雨水从遥远的绿色大草原带过来的，让树木花草在做了最彻底的淋浴后散发出幽幽体香。漫步在满是水汽的石子小路上，踏着的是一小汪小汪的水池，而路边的草地上盈盈的都是水珠，看着这些小生命心里忽生出一种温柔，那是一种久违了的，深埋在心底的隐隐的触动。

每人心里都有一块最温柔的地方。即使作恶多端、杀人放火、掠夺抢杀、无恶不作的浪人心里一样会有那最温柔的一块。一个警察朋友总是晚上值班询问犯人。问他为什么总在晚上，他说晚上最容易问出犯人的真。是呀，在那样的柔柔的夜里，在月色的光辉下，没有了身边繁杂的干扰，如果回到本心看自己的时候，会明白很多事情你原本不该做的。而一切都是你身上附加的枷锁犯的错，无端的欲望，无止境的攀比，无谓的虚伪的面子。

烧一炷檀香，点几支白烛，放一段音乐，开一瓶红酒。在微晕的状态下用眼睛观察红酒挂在酒杯的迟疑、委婉地滑落；用鼻头亲闻酒香在鼻腔、喉咙，直入心脾的满是灵气的大自然的各味清香；用舌尖细品酒味在舌头的缠绵，萦绕，时涩时甘时甜的别样意境。为什么你能领略这细致末微的醇香呢？因为你懂得她的文化，她的历史。这一刻，她的故事，触动了你心中最温柔的那一块。你与之共醉了。

静观一幅画，凝视在她的面前，看着看着，心里泛起一股浪，从心底出发荡漾开去，瞬间传遍全身每个细胞，有一种触电微酥的麻麻的刺痛，直到感觉腮边停留的无声的眼泪。这一刻，心随着画动，探触到你内心最温柔的那一块。你有所感悟了。

欣赏一段舞，随着舞姿的翩旋，身段的妩媚，感受到舞者内心的纠结，灵魂的孤寂，一切都融合在眼中的那丝柔波里，凄迷、流落。或凌空翻飞，或反转跳跃；或摆裙跨步来矣，或甩袖碎步去矣。这一刻，心被震撼着，抚摸到你内心最温柔的那一块。你要追随去了。

那脱凡离俗的艺术家呀，你总是以高于常人的觉悟体会到事物最本质的精髓。你以一种形式作为载体，绘画、舞蹈、音乐、建筑，无不表达着你内心的丰富，隐喻着未来。因为深刻所以难懂。天下知己者有几？可能在人人都懂你的时候，你已绝尘而去。而如果这一刻，你有所感受，不再隐藏，那就是你内心最温柔的一块在与作者进行灵魂的交流，这一瞬间的碰撞就是永恒。

把心里最温柔的那一块留给了你，要用真情真意来把她填满、充盈；再混合、交融；直到融化、燃烧；最后随着这晚来的一阵风飘散在尘埃里。

女人如花

清晨起来，下起了瓢泼大雨，万物遮掩在雾气里。走在满是树木花草的院子里，倍感清新，尤其是在北京如此干燥，没有滋润的日子里，宛如到了南方的小镇。

人生就是这样，在欧洲阴雨绵绵的日子里，总盼着天晴的日子，可以坐在路边咖啡馆闲散着晒太阳，看路人熙来攘往，独享清悠。而像北方干燥风沙大的城市，雨天极少。每逢下雨，如若不是担心酸雨的不洁净，真要好好地站在雨中，任凭风吹雨落，任由雨滴亲抚肌肤。

女子如水，所以女子跟水是如此的亲。身体里是水的物态，思想里是水的精神。而我以为女人更是花，从天上落入凡间的各类花束，或娇艳、或质朴、或芬芳、或孤傲。独享土地的滋养，雨水的浇灌，满吸天地之灵气，盛盛地开着，艳艳的美着。如若哪日你得了去，定要好好的养护。要知道花束是开在广阔的自然里，你偏要单单地深藏于屋内，改变了花的生长环境，就定要给予更多的关爱，熟悉花的秉性，照顾花的情绪。如此花束才可年年开，日日新，来年开花结果，培育一代一代。

这几日手头一直很忙，几件事情在筹备中，看着慢慢进入轨道的工作充满欣慰。能在最适合花开的季节里做最喜欢的事情，真是生命中的礼物。而工作的能如愿，生活的能完善，也是得了生命的机缘，更是遇到各类花一般的女子，个个身心聪慧、冰清玉洁、敏感细致，与之共处如四季花朵常伴身边，芬芳娇艳，美不胜言。

只是长在这旷阔宇宙的花朵，她们也是独自美丽，独自寂寞的，各有各的美又各有各的痛。她们平凡简单但质朴真实，一片片一束束，开在你生命中的每一处。我愿用心来观察你的美，我愿用爱来修正你的痛。愿你常开常新，不要独自凋谢枯萎。我们一起来寻找最合适的大地雨露，一起来追寻最诚挚的真爱关怀，一起开出生命的自然真谛。

白色雏菊

雏菊——“我爱着，什么也不说；我爱着，只我心里知觉；我珍惜我的秘密，我也珍惜我的痛苦；我曾宣誓，我爱着，不怀抱任何希望，但并不是没有幸福 ——只要能看到你，我就感到满足。”

露，是清晨草尖心头的一颗珍珠；是朝霞雾中花瓣上的一滴泪珠。你因情而美，为爱而伤。

遇见露是那样的偶然，却又定是必然。在会所的柜台边忽看见身穿白衣的一位女子，她飘然而过，身姿轻盈，让我心头猛然一惊，这里还有这般娇小玲珑，心智高雅的女子呀。

办完手续便到楼下的舞蹈房练习，会所今天的课程是古典舞。很少有会所会教这种舞蹈，因为对老师的要求高，会员跳起来难度也大，所以会所一般都没有，心中便奇会是谁来教呢。没想到，老师便是刚才的女子，露，一个心尖尖上的名字。

刚才的印象已经极好，没想到跳起舞来，又是一番风韵。身姿婉转、眼神流盼、气韵十足，不光看出舞者的身姿美，更能让人体会舞者的心灵美感。难怪说舞蹈是身与心，内与外的完美结合。既有音乐节奏引发的律动回旋又有风采神韵而引发的精神感官，我一时竟醉了。不是有丰富敏感的内心是如何也跳不出此情此韵。对露从此多了几分关注，总是惦记着上她的课。

日子如湖水，没有事情时，水平如镜，时间也就静静地流过；有事时如风波起，吹皱一湖春水，从这头到那头，惹得多少人的牵挂。我与露有过几次的交流大家感觉都很好，相互是多了喜欢。这日有朋友策划电视台的一个活动，非要推荐了我去，说得极动人，说我怎样的合适，要怎样的帮了她，她怎样的感激。好吧，就当作是玩玩吧。活动好参加，就像是游戏总是好玩的，逗乐的，略带煽情的，只是要有个特长表演，这可是难为我了。除了爱说爱闹，哪来的特长呢。弄到后来，觉得自己还是喜欢舞蹈，就找了露来商量。

露真是简单可爱的姑娘，喜欢舞蹈，只要是跟舞蹈有关的事情就满心欢喜。说明我的事，要找她来一起商量排舞，竟比我还兴奋开心，满口答应下来。接着，我们开始找音乐找主题，忙得不亦乐乎。其实人到了中年本应该只是平静的湖水，何必招起那风浪呢，这样总会被身边的人或指点或议论。不过谁让我又不甘只是那平静的湖水呢，虽爱着这份静，却也愿心中总能泛起阵阵涟漪，让湖心的船只在我的碧波里悠悠的荡漾，像母亲轻摇篮中睡熟的婴孩。

女人如花，在娇弱的身子里，满满盛得都是水的柔情。正如朋友说的：喜欢水，但不要做那0度以下水的冻冰，凝固呆滞，无法流动，这样的人生多少是一种悲哀。而单单做了流动的水呢，在自己的空间里有分寸的流动，或汇入江或流向河，虽不是波澜壮阔，倒也心安理得可以过活。而我要选择的是被加热100度沸腾的水被蒸发，被流放天下。我是我又不是我，我是一切又什么都不是，我拥有整个宇宙广阔的天宇，我又什么都不拥有。因为我有的是热情，还有取之不尽的激情，更有不断迸发的强烈的对这个世界的爱情。

也因如此，我们便得了灵感。要舞出女人如花的情与怨。工作中的露总是如此投入和忘情，更没想到小小年纪的她，竟工作了许多年，自幼独立生活，使她有了一颗坚强敏感的心。对生活情感的早熟，使她更能深刻体会人情冷暖，编起舞来有情有景，一段舞蹈编得却像是看了部电影。舞蹈描绘女子从少女的懵懂与羞涩，到成熟时的风韵婉约，对情与爱的痴与怨，到身为母亲后的温情平和，舞来真挚动人，无不动情。

为了最好的舞蹈效果，露更是带着我满城的寻找服装与道具。我都累了，她还热情洋溢的给我讲意境如何、服装颜色如何、怎样的道具是表达怎样的情感。这是对舞蹈一份怎样的痴情才有这样的真心。

这个电视节目还真是作秀的。每个板块都是秀，秀外在，秀内心，秀技艺，秀思想。来的都是精英呀，舞蹈专家，模特，个个年轻漂亮，也敢秀。以她们年轻的资本，怎么做都是美的，身形外貌，加上前卫的思想。比较中，我多少是老了的。一路比过来，我是一直落后，甚至连比做家务我也不行呀，对自己都没有信心了。只有拼内秀吧，生活的理念、人生的智慧、积极的心态，我的健康乐观的人生态度正一点点在给我加分。我心理已经很明确，既然参加了节目就好好真实地展示自己的所思所想，真实的生活的呈现。

最后是才艺展示，虽然有露精心的编排，我们认真地准备，但想着这些专业选手，我还是有些紧张的。前面的嘉宾表现都很不错，专业的显然不同，台下掌声不断，人们热烈地反馈着，甚至还有惊呼声。我是最后一个，只有好好呈现了。上得台来，反而所有紧张都没了，只是站了几小时腿与脚有些隐隐的痛。

音乐响起，灯光射下来，全场静下来。我能听到自己的呼吸，在柔和的音乐中，我也陶醉在音符与舞韵的和谐中，我成了露心中的一个舞蹈精灵，是她的一个正在绽放的作品。我深深地感受着女人少女时代纯洁而真挚的爱与梦幻；成熟时的敏锐与惆怅，如花的美艳与智慧的芬芳；成为母亲后的博大充满温存的爱，这爱通过对家庭的照顾，而扩展到对社会对世界的一份责任和关注，肩负的使命。在无私的母爱的光环下，母亲完善了人生，成就了自己；付出了大而全的广义之爱，也收获了甜蜜与温馨的家庭之爱。

我沉醉在舞蹈的情韵里，直到结束。台下一片静寂，半晌没有反应。过了一会才突然掌声雷动，加着照相机的不停闪烁声，还有人不断的抽泣声， 我一时竟也辨不清楚。主持人也颇为感动，赞美表演如此的温情，充满了无尽的宁静的爱意。台下观众还有人不断流泪哭泣，主持人也注意到，就随机采访了一位观众，问她的心得，刚巧是坐在前面的露，她已经哭得似个泪人儿一般了。

“我和舞者也认识不久。但通过接触，我深深地体会到女人的伟大而真实的力量和爱。每个人都会有艰辛的一面，特别是女人成熟到作为母亲，养育孩子。台上的嘉宾都提到自己生活中的苦与艰辛，我想我的朋友也有，可能更加的富有挑战和刻骨铭心，但是我们从她的脸上从舞蹈中，看不到对自己伤害的一味标榜，反而更能体会的是积极的人生态度、勃勃的生机和对生活的无限的广博爱。而这份情与爱是如此的可贵，也是真性情女人真正地风采。我和台下的很多观众都被这种精神深深地打动了。”

话音刚落，台下又是一片掌声。而我一直坚强的我，经历过如此风雨的我，没有因为工作繁重而哭，没有因为失败打击而哭，没有因为不理解伤害而哭。而此刻，这一刻，我的眼泪没有经过大脑的反馈，直接夺眶而出，为这份理解与认同。

我与露加在一起也只是接触了几天，也是通过这个舞多了一份了解，而她已然透过语言背后体会到一种精神，行动背后认识到一种意志。

而她不过是二十才方出头的一朵雏菊，只是凭着一直以来的独立和顽强的生命力，才刚穿透了乱石的纷扰，挺直了身躯，就傲然地向这个世界呈现自己的美：顽强的意念、对生活的包容及敏锐的理解力。对于人生的苦难与情感的伤，她是如何不经历呢，一位不到十六岁时就已经自己单独面对社会的女子，独自承担着自己的生活起居，甚至还挑起社会职责。为了活下去，甚至更好的活，丰盛的活，一直努力着奋斗着，用自己的人生在演绎着生命的张力。

小小的一颗雏菊，你孤单单地立在山岗上。我本应该捧你入怀，用绵绵爱意温暖你曾经历的苦难与艰辛，所受的创伤与磨难。而你却以挺立的身姿迎着风招展，告诉我，你活得坦然，活得自信，没有任何风雄可以让你退缩却步。

虽然只是一颗不惹人注意的简单的白色的小小花朵。

智慧女人花

情与情的感受真是如此的不同。有的你要拼了命来求得，也不见其所终；有的你不理不问，却又被反复执着地追着来；有的你默默地只是感受，等到哪一天失去时，方觉珍贵，可情已远去。

情与情为的就是互通，达不到通畅，就像一端封死了的胡同，如何才能转出自己的心结呢。

女人一生美着，绚丽着，为了在最美时期的绽放。为自己，为了懂美的人，不至于独自花开又花落，孤芳自赏无人怜。

人们总是在企盼和等待一些事或一些人。如今才明白，事和人不是等来的，是到了时候，你准备好了，就会来的。你渴望的或者厌恶的那些人或事从来也没有离开过我们，就好像清风就在那里，明月就在那里，它是如何走了消失了呢。只是因为某种原因以不同的形式和载体出现在我们的面前，只是在出现时你认了出来吗。就像水，一时是冰，一时是雾，一时是露，你以为它变了，其实没有，变的只是外形，只是环境。如果不用心体会生活，只用眼观察生活，那只是看到了生命中最浅最外在的表像，如何能得出内在的真呢？

回想， 你能记得的生活场景；你重要的，给你留下深刻印像的生活片断。是否在你虚伪的戴着面具的时候，遇到的人或事总觉得假呢。等到你回归纯真，重拾自我的时候，那些真实的事件就会挡也挡不住的一件件的到来，来得没有预期，没有端由，随着一个个惊喜地出现，在兴奋的同时才明白：那些本来就属于自己的，就在那里的，只是要能量到了那一层时才一一展现，从不同地方，以不同形式，甚至以你记忆中的样子来了。它们好像就是停留在历史里，没有任何变化的等着你来取，你来拿。就像多年前珍爱的那枚戒指，在你不用心的时候离开了你，等到合适的时候，它又独独地突然出现在你面前，还是那么熠熠地光亮着，闪耀着。

人们常说过日子，其实生活不只是过来的，是吸引来的。是在你准备好以后，在你的条件具备的时候，自己迎过来的。

不要再单单的在这孤寂的夜里，独开又独落了。女人你总是美的，在夜里更显出你超凡脱俗的纯真。表现自己，展示自己，从今夜，在这一刻。你生命中的那些人和事是你吸引过来的，准备好了去迎接吧。

因为你是一朵遍地野草独自娇的智慧女人花。